DAVID

EL

GRANDE

MARK RUTLAND

CASA
CREACIÓN
Para vivir la Palabra

Para vivir la Palabra

MANTÉNGANSE ALERTA;
PERMANEZCAN FIRMES EN LA FE;
SEAN VALIENTES Y FUERTES.
—1 CORINTIOS 16:13 (NVI)

David el Grande por Mark Rutland
Publicado por Casa Creación
Miami, Florida
www.casacreacion.com
©2020 Derechos reservados

ISBN: 978-1-941538-78-4
E-book ISBN: 978-1-941538-79-1

Desarrollo editorial: *Grupo Nivel Uno, Inc.*
Diseño interior: *Grupo Nivel Uno, Inc.*

Publicado originalmente en inglés bajo el título:
David the Great
por Charisma House, A Charisma Media Company
Copyright © 2018 Mark Rutland
Todos los derechos reservados.

Visite la página web del autor: www.globalservants.org.

A menos que se indique lo contrario, los textos bíblicos han sido tomados de
la Santa Biblia, Nueva Versión Internacional® nvi® ©1999 por Bíblica, Inc.©
Usada con permiso.

Impreso en Colombia

20 21 22 23 LBS 9 8 7 6 5 4 3 2 1

Si me olvidare de ti, oh Jerusalén,

pierda mi diestra su destreza.

———

CONTENIDO

Primera parte: Mañana | 23

Segunda parte: Tarde | 91

Tercera parte: Noche | 151

CARTA AL LECTOR

Querido lector:

Para este, mi decimoquinto libro, elegí un estilo informal, un tono más conversacional. Espero que sienta que le estoy hablando de persona a persona, como si estuviéramos tomando un café o, más bien, en una sala en una conferencia íntima. Me esforcé en este libro, como en nada de lo que escribí antes, por mantener la ilusión de que soy su viejo y jovial profesor tratando desesperadamente de hacer que la Biblia y este rey —en particular— llamado David cobren vida para usted, aun cuando vaya en contra de las reglas gramaticales para hacerlo. De hecho, así es exactamente como comenzó este libro. Enseñé sobre la vida y la época del rey David varias veces en dos maravillosas universidades en las que fungí como presidente. Esas conferencias resultaron ser las más populares que he dictado. Me complació muchísimo ver a los mileniales —y sus profesores—, en realidad, llenar salas grandes y pequeñas para escuchar la verdad sobre el León de la Tribu de Judá.

Me dispuse a destrozar al David de la escuela dominical, al del franelógrafo con las figuritas de fieltro, y mostrarles al verdadero hombre, el David de la Biblia. Quería que aprendieran lecciones vitales de lo bueno y lo malo de David: su vida real, no la del pastorcillo cristiano americanizado con su honda de juguete. Me esforcé por decirles la verdad y —tanto ellos como yo— descubrimos que la verdad a veces es fea, compleja y confusa. También descubrimos que vale la pena. Quería que escucharan, por supuesto, pero —más que eso— quería que atendieran, lo cual es algo diferente. Francamente, no sabía si tolerarían la oscuridad para encontrar la luz. Me sorprendió y me alegró que, lejos de disgustarse por el verdadero rey David, parecían no estar satisfechos.

Querían conocer a David y escuchar acerca de su pasión por Dios y, sí, por qué pecó como lo hizo. Querían entender a David. Temía que, si les hacía ver sus fracasos, lo descartarían como eso: como un fracaso. Lejos de ello, dijeron: «Este, este antiguo rey, es un hombre al que podemos escuchar. Esta es una voz para nuestros tiempos turbulentos». Temí que se sintieran repelidos por las contradicciones en la vida de David. Me impresionaron profundamente con su disposición, no, su ansia de sumergirse en el lodo y bucear en busca de perlas.

Para mantenerlos comprometidos en la lucha, obtuve una licencia de narrador de gramática. Cuando sentí la necesidad, dije: «En este punto David llega a la ciudad» en vez de «llegó» a la ciudad. Funcionó. A lo largo de los años, literalmente cientos de estudiantes me han pedido que haga lo que finalmente hice... escribir este libro.

Por lo tanto, he optado por mantener la fluidez en el tiempo, flotando caprichosamente y de forma bastante gramatical entre el presente y el pasado, tal como se podría hacer relatando una historia en vez de escribir un libro de texto. Esta violación un tanto peculiar de todo lo que aprendí en mi manual de estilo Strunk, en la universidad, puede resultar discordante para los puristas. No se trata de gramática. Se trata del verdadero Rey León. Intente relajarse. Al mismo tiempo, es mejor que se prepare. Como solíamos decir en Texas, esto se va a alborotar.

—Mark Rutland

INTRODUCCIÓN

EN TODA LA historia, muy pocas personas han recibido el título de «Grande». La Madre Rusia tuvo a Catalina, Inglaterra a Alfredo, Grecia a Alejandro y Persia a Ciro, pero Estados Unidos nunca ha usado ese título, en lo absoluto, ni siquiera una vez. No hay «Lincoln el Grande» ni «Patton el Grande». Es el más extraño de todos los títulos históricos, codiciado y por el que lucharon, pero rara vez dado a los reyes de la tierra.

El título «Grande» está reservado en la historia para aquellas personas que, aun cuando quizás no sean grandes en el sentido moral, son simplemente más grandes por su trascendencia, grandes personalidades en el escenario de la historia humana.

En la más amarga de las ironías históricas, el único monarca en la historia de Israel al que se le llamó «Grande» fue Herodes, un psicópata consumado, cuyo reinado fue un verdadero baño de sangre, no de gloriosa conquista sino de atroz asesinato. Herodes el Grande mató a tantos miembros de su propia familia que el emperador Augusto bromeó diciendo que era mejor ser un cerdo de Herodes que su hijo.[1]

Sin embargo, la «grandeza» de Herodes —tal como fue— derivaba de la arquitectura, no de la gloria en la batalla. Fue un gran constructor de estructuras, incluido el famoso templo de Jerusalén, pero también fue un terrible destructor de vidas. No obstante, hasta el día de hoy se le llama Herodes el Grande.

El único rey de Israel que mereció el honor de ser llamado Grande no fue el maníaco Herodes, sin duda, sino un hombre complejo y controvertido que precedió a Herodes mil años antes, David de Belén.

Incluso aquellos que desprecian la Biblia no pueden negar que David se encuentra entre los nombres más famosos de la literatura mundial. Si no fuera más que un mito, su historia seguiría siendo materia de la mayor de las leyendas. Cazador de gigantes, cacique guerrero, forajido, mercenario, amante, poeta, músico y, en algún momento, profeta, David es grande en cualquier medida.

Esculpido, pintado, debatido, denunciado y negado, David es el más grande de todos los gobernantes de Israel. Entre los reyes de su época o de cualquier otra, apenas existe un hombre como David. Se le considera el verdadero padre de su nación, aunque Saúl fue su primer rey. Uno no puede entender completamente la historia de Israel, ni tener un verdadero concepto de la Biblia como historia íntegra, sin David.

Sin embargo, algunos pueden dudar en pronunciar la frase «David el Grande», lo cual es comprensible. Por cada Goliat en la historia de David, hay una Betsabé a la vuelta de la esquina. Por cada alma a la que mostró compasión, había cien por las que fue personalmente responsable de matar. Tenía muchas esposas, pero su palacio también estaba lleno de concubinas. Tenía una mujer diferente para cada noche de la semana.

Durante un largo período, David fue un forajido que dirigió lo que solo puede llamarse un protectorado chantajista. Más tarde fue un asaltante mercenario que vendió sus habilidades a los adversarios de su pueblo. Sus enemigos le temían no solo porque los mataba en gran número sino, como ellos lo veían, también por mutilar y profanar a veces los cuerpos de los caídos por poco más que una extraña dote nupcial. Su propio suegro lo odiaba. Al menos una de sus esposas lo despreció y traicionó. Uno de sus hijos lideró una revolución contra él y lo habría ejecutado si no hubieran intervenido más almas leales. David causó una plaga devastadora y, como un capo de la mafia, ordenó la ejecución de sus enemigos mientras estaba en su lecho de muerte.

Sin embargo, también fue un poeta sensible al Espíritu cuyas palabras han consolado a millones de personas por todo el mundo en dos religiones principales durante tres mil años. Era un músico cuyas canciones podían calmar al alma atormentada por demonios. Era un líder político lo suficientemente fuerte como para forjar una sola nación a partir de tribus deleznables que habían sido desgarradas durante años por la guerra civil y los prejuicios internos. No menos importante, David era un hombre de lealtad apasionada, gran fe y visión nacional. El nombre de este antiguo rey judío se conoce donde la Biblia ni siquiera se lee ni se cree.

Sin embargo, debemos recordar que David no era un cristiano del siglo veintiuno. Si tratamos de vestirlo con traje y corbata para aplicarle nuestros estándares de moralidad, simplemente no funcionaría.

¿Qué de las enseñanzas de Jesús sobre amar a los enemigos? Después de David. ¿Los escritos de Pablo sobre el matrimonio, específicamente la monogamia? Después de David. ¿El llamado de Pedro a no pagar mal con mal? ¿Capta el punto?

La historia del verdadero David, la que quiero presentarles, la que describe la Biblia, solo se puede encontrar en la sección de novelas gráficas para adultos de una tienda de historietas. No habría colores brillantes, capas ni chicas bonitas que rescatar. Ese no es el David de la Biblia. El verdadero David le roba las chicas bonitas a sus maridos. El verdadero David arruina a su familia. El verdadero David viola las leyes tanto de Dios como del hombre. Necesitamos «desmenuzar al legendario superhéroe» David y contar la historia real.

La realidad es que, aunque David no era un santo, tampoco era un monstruo. Era un hombre complejo, quizás uno de los líderes más complicados y conflictivos de todos los tiempos. Fue un genio multifacético cuyas habilidades en géneros aparentemente excluyentes no tienen paralelo. Podía hacer la guerra y escribir poesía patética con la misma facilidad. Puede que nos sorprendan sus pecados, pero también nos inspiran sus victorias y nos conmueve su intimidad con el Dios de Abraham. Hay mucho, muchísimo, que aprender de su vida.

Hace algunos años, me senté a escribir en una mesa de picnic en Tiberíades, Israel. Con mi manuscrito ordenadamente colocado sobre la mesa, estaba escribiendo a un ritmo tan frenético que al principio no noté que una mujer de mediana edad me observaba. Cuando dirigí la vista hacia ella, me preguntó si era estadounidense. Como le respondí afirmativamente, me preguntó de qué estaba escribiendo.

—Del rey David —respondí.

—¿El rey David?

—Sí, ya sabe, el de la Biblia.

—¿Por qué? —me preguntó con desprecio—. ¿Por qué escribir, de entre tanta gente buena del mundo, sobre un hombre tan sanguinario como ese?

Era obvio que ella no apreciaba ninguna idea de él como David el Grande, y yo sabía que era inútil tratar de explicarle mi fascinación de toda la vida por un antiguo rey que había gobernado la tierra de ella hacía tanto tiempo. Me pregunté: ¿Qué tan grande es un hombre cuya controversia le sobrevive por milenios? ¿Qué tan grande es un hombre que puede inspirar hostilidad, admiración y curiosidad en igual grado durante tres mil años?

Así que aquí está: David, Rey de Israel, «ese sanguinario hombre» que también era un hombre conforme al corazón de Dios.

PRÓLOGO

En aquella época no había rey en Israel;
cada uno hacía lo que le parecía mejor.

—JUECES 21:25

NO BUSQUE MÁS allá del versículo final del libro de Jueces para describir la era en la que surgió David: «En aquella época no había rey en Israel; cada uno hacía lo que le parecía mejor».

Aunque David es el protagonista principal en la historia del nacimiento de la nación de Israel, el segundo personaje es el tiempo en el que vivió. David vivió en una era muy diferente a la nuestra, tanto —de hecho— que comprender verdaderamente cómo fue ese período desafía la imaginación más fértil.

La genealogía en Mateo 1 ayuda a poner en perspectiva el momento histórico de David. «Salmón, padre de Booz, cuya madre fue Rajab; Booz, padre de Obed, cuya madre fue Rut; Obed, padre de Isaí; e Isaí, padre del rey David» (vv. 5-6).

No sabemos con certeza quién era Salmón, pero pudo haber sido uno de los espías enviados a Jericó por Josué. Rajab era la prostituta pagana que ayudó a los espías hebreos antes de que invadieran Jericó. Salmón y Rajab, en algún momento después de la caída de Jericó, se casaron y tuvieron un hijo al que llamaron Booz. Booz se convirtió en pariente redentor de una gentil moabita llamada Rut, de quien toma nombre el Libro de Rut. Booz se casó con Rut y procrearon a Obed, que fue el padre de Isaí, que a su vez fue el padre de David.

David, por tanto, estaba a solo tres generaciones de la gentil Rut y a cuatro generaciones de la ramera Rajab. Esto también significó que solo cinco generaciones antes de David, el tatarabuelo del futuro rey nació en la esclavitud. Y su tatarabuelo nació en el desierto bajo una columna de fuego poco después de que sus padres fueran liberados de Egipto. Hoy en día no es inusual ver fotos de reuniones familiares que incluyen a cinco generaciones. Así de cerca estuvo el rey David de la época en que su pueblo fue esclavo en Egipto.

En efecto, apenas una generación antes de David, hasta que Saúl se convirtió en rey, no existía la verdadera nación de Israel. La tierra ciertamente estaba ahí, pero no había un gobierno central, ni un ejército permanente, ni una monarquía, solo una débil confederación de tribus agrarias que sabían poco sobre la guerra. Esas tribus hebreas discutían y peleaban entre sí al punto que se enfrascaban en combates directos.

A través de toda la tierra, también había varios grupos paganos y tribus que rodeaban al pueblo hebreo, se mezclaron con ellos y los aterrorizaron. Al sur estaban los amalecitas, un pueblo depravado integrado por asaltantes violentos. Eran para Israel lo que los vikingos para Inglaterra en el período medieval temprano. Hacia el oeste, los filisteos, aunque más sofisticados desde el punto de vista gubernamental, seguían siendo bárbaros y crueles. Tenían un invento militar que les daba ventaja sobre los hebreos: el hierro. El pueblo hebreo solo tenía bronce, pero los filisteos luchaban con hierro. Imagínese un antiguo juego de piedra, papel y tijeras, pero solo con hierro y bronce. El hierro *siempre* gana al bronce. El metal era tan importante que los filisteos prohibieron a cualquier hebreo que tuviera hierro o que lo trabajara.

Hasta la época de Saúl, justo antes de David, los hebreos todavía estaban en la Edad de Bronce, sin gobierno organizado, sin constitución ni estatutos y sin rey. Estaban rodeados de enemigos inhumanos, que constantemente los asaltaban y los saqueaban. Era el salvaje oeste.

Jueces 19 registra una historia absolutamente horrenda que revela con precisión cuán espiritualmente arruinadas y gubernamentalmente atrasadas estaban las tribus de Israel en la época de Rut, justo antes de que Saúl se convirtiera en rey. Un viajero levita y su concubina llegaron algo tarde a un pueblo donde no conocían a nadie. Un anciano les ofreció refugio para que no tuvieran que dormir en la calle. Cuando un grupo de hombres llegó a la casa del anciano exigiendo que les diera al levita para violarlo, este empujó a su concubina hacia ellos. Los hombres la violaron toda la noche hasta que murió. Al día siguiente, el levita descuartizó el cuerpo de la mujer en doce partes y envió cada una de ellas a cada tribu de Israel como un llamado a la acción.

En una extraña coincidencia, aquel despreciable acontecimiento ocurrió en Guibeá, la ciudad donde más tarde Saúl fue ungido como el primer rey de Israel.

Saúl ciertamente no fue el rey más grande de Israel, pero fue el primero. Basado en la historia de Jueces 19, Saúl claramente creció en una época lejos de la civilización. Los israelitas estuvieron suplicándole al profeta y juez Samuel, un rey que los gobernara, y Saúl —un individuo enorme que se decía que era más alto que la persona más alta, era el hombre que Dios eligió para la tarea.

Saúl era un hombre débil y carnal pero, a pesar de eso, era una persona importante en la vida de Israel. Tomó la confederación tribal esparcida y violenta que heredó cuando se convirtió en rey —con tribus esparcidas desde Dan hasta Beerseba entre los pueblos paganos circundantes— y creó la simiente de la nación de Israel.

La tierra en ese momento no era una nación con fronteras claras. En América del Norte, Canadá es la nación al norte del continente. Yendo al sur, Estados Unidos es el siguiente país, luego México y así sucesivamente. No existe ninguna parte de México en Canadá y ninguno de los cincuenta Estados Unidos está cerca de Guatemala. Sin embargo, eso es lo que era Israel en la época de Saúl y el joven David. Una familia hebrea de la tribu de Benjamín podría estar viviendo cerca de una aldea amalecita. El mismo David, por ejemplo, nació en la ciudad de

Belén, a poca distancia de Jebús, una importante fortaleza pagana que David el rey más tarde transformaría en la nueva capital
de Israel.

Es claro que Saúl heredó una situación insostenible cuando se convirtió en rey de Israel, pero es un gran mérito para
él que —hasta cierto punto— llevó la identidad nacional y el
orden monárquico a una tierra donde «cada uno hacía lo que
le parecía mejor». La caída de Saúl fue por debilidad espiritual
y emocional. Estaba sometido por sus emociones. Un momento
estaba arriba, con Dios; al siguiente, estaba abajo con Dios. Fue
un gran líder, luego un mal líder; un líder audaz, luego un líder
orgulloso. Era de doble ánimo e inestable y, en última instancia,
paranoico.

Al fin, Dios tuvo suficiente con Saúl. Saúl pudo haber sido
rey, pero los israelitas eran el pueblo de Dios, y él estaba decidido a darles un nuevo líder con un corazón diferente. Dios envió
al profeta Samuel ante Saúl para hacerle el terrible anuncio.

En 1 Samuel 15, el juez le dice a Saúl: «No voy a regresar contigo —le respondió Samuel—. Tú has rechazado la palabra del
Señor, y él te ha rechazado como rey de Israel. Cuando Samuel
se dio vuelta para irse, Saúl le agarró el borde del manto, y se
lo arrancó. Entonces Samuel le dijo: —Hoy mismo el Señor ha
arrancado de tus manos el reino de Israel, y se lo ha entregado
a otro más digno que tú» (vv. 26, 28).

Saúl, egoísta por excelencia, se sorprendió cuando Samuel le
dijo que el próximo rey sería «otro más digno que tú». Imagínese
cómo le sonó eso a Saúl. No solo «alguien más», sino alguien
«mejor que tú».

En definitiva, Saúl comprendió que la mente de Dios no
podía cambiar. Por eso, le suplicó a Samuel: «¡He pecado! Pero
te pido que por ahora me sigas reconociendo ante los ancianos
de mi pueblo y ante todo Israel. Regresa conmigo para adorar al

SEÑOR tu Dios» (1 Samuel 15:30). En otras palabras, Saúl admitió en privado que Dios le había quitado su unción y que ya no
era rey. Sin embargo, Saúl le suplicó que pudiera mantener la
apariencia de rey. Quería conservar el poder y el prestigio, aunque solo fuera por un corto tiempo.

Samuel estuvo de acuerdo y el retiro de la unción de Saúl
siguió siendo un secreto entre ellos.

Aun así, el camino hacia la realeza para «otro más digno
que» Saúl había comenzado. Para todos los propósitos espiri-
tuales, ese fue el final de la historia de Saúl. Fue rey por años,
pero estaba acabado. Samuel se fue de Guibeá a Belén, la casa
de Noemí, Rut y Booz. Un hombre llamado Isaí (nieto de Rut)
vivía en ese pueblo. Isaí tuvo ocho hijos, el más joven cuidaba
del rebaño de su padre. El nombre del chico era David.

Las vidas de los dos reyes pronto chocarían ferozmente. Uno
seguía siendo rey en público, pero ya no lo era, en realidad. El
otro, aunque todavía no era rey en público, era el rey en realidad.
Uno residía en un palacio en Guibeá. El otro vivía en un establo
de ovejas en Belén. Uno era un poderoso guerrero, el rey de una
nación incipiente, mientras que el otro era un chico pastor, ridi-
culizado y envidiado por sus hermanos mayores.

¿Cómo uniría Dios a esos dos reyes? Y en el momento en que
lo hiciera, ¿qué pasaría cuando un rey loco por el poder —emo-
cionalmente arruinado, psicópata y asesino ansioso por retener
su control sobre el trono— se cruzó con un adolescente inocente y sin engaño sobre quien descansaba la mano de Dios?

PRIMERA PARTE

MAÑANA

Si David hubiera escrito una autobiografía, creo que habría enfatizado que ser elegido por Dios no es todo lo bueno que parece. Cualquier persona que busque vivir para Dios se enfrenta a decisiones terriblemente difíciles. Vivir esa pasión por Dios en una era tan violenta como la de David es lo que hace que su historia sea tan cruda y tan enloquecedoramente compleja.

Se podría decir que, debido a los fracasos de Saúl, Dios despojó a David de su infancia. Cuando la mayoría de los jóvenes se preocupan por los juegos, no por las celebridades nacionales, David estaba siendo ungido rey de Israel. A la edad en que un adolescente promedio aprende hoy a conducir, David le cortó la cabeza a un gigante. En los años en que los adultos jóvenes de hoy asisten a la universidad, comienzan sus carreras y planifican su futuro, David era un forajido que se escondía en cuevas.

La temprana existencia de David estuvo caracterizada por circunstancias desafiantes. Su vida nos hace reflexionar en todo lo que significa ser apartado por Dios para grandes cosas. Entre la unción de David y su coronación pública, pasan décadas de espera y derramamiento de sangre, esperando, corriendo, esperando, engañando y esperando. Años de espera.

Ser un hombre conforme al corazón de Dios significa llevar una vida sincera y sometida a la voluntad y el tiempo de Dios. Significa decirle: «Soy tuyo y confiaré en ti, pase lo que pase». En el caso de David, «pase lo que pase» significaba: sin importar cuántas lanzas le arrojara su suegro.

UN CHICO EXTRAÑO, POR DECIR ALGO

Basado en 1 Samuel 16

C UANDO DAVID APARECIÓ por primera vez en la historia que vendría a ser suya, era un niño pastor. Su vida estaba lejos de la de los pastores romantizados de las historias modernas. En la época de David, el pastor de la familia era el enano, el más joven y, a menudo, el más despreciado por sus mayores, que se convertía en pastor porque no era capaz de mucho más.

David tenía siete hermanos mayores, hombres que se caracterizaban por ser guerreros fuertes. Apenas toleraban a su hermano menor. Los siete hijos mayores de Isaí pensaban que David era extraño, por decir lo menos, y un pequeño mentiroso fanfarrón, por decir lo peor.

Desde su temprana edad, la vida de David tuvo cierto toque milagroso. Considere el hecho de que David fue un gran músico a una edad prodigiosa. Los prodigios a menudo son odiados por sus mayores menos talentosos. Luego estaban sus sobrenaturales relatos triunfantes en el desierto. Imagínese una cena en la casa de la familia de David: regresó con sus ovejas, se limpió y se reunió con sus hermanos mayores y más grandes en la mesa de la cocina. Cuando su madre los insta a ser más amables con David, le hacen preguntas entre bocado y bocado.

—¿Qué hiciste hoy, hermanito? —pregunta uno antes de girarse inmediatamente hacia su madre para asegurarse de que ella notó su «esfuerzo».

Sin malicia como niño que es, David responde sin dudarlo.

—Hoy maté a un león.

Imagínese el ridículo, la burla que debió soportar. Quizás Eliab, el mayor, dirigió el asalto verbal.

—Mataste a un león, ¿verdad? ¡Guau! Eso debe haber sido algo peligroso. Es un milagro que no te haya matado.

—Sí —asiente el ingenuo niño—. Fue un milagro. Un gran milagro.

—¿Cómo mataste a esa bestia feroz?

David, ajeno al sarcasmo, responde:

—Le di un puñetazo.

Imagínese la risa. Un vendaval de carcajadas.

David comienza a darse cuenta de que se están burlando de él, pero sigue adelante.

—Sí, iba en dirección a una oveja y le pegué con el puño.

—¿Y se murió? ¿Así no más? ¡Ahhhh!

A esas alturas, todos están al tanto de la conversación. Los hermanos se ríen, mientras Isaí y su esposa sonríen torpemente negando con la cabeza.

—Sí, murió. Como el oso.

—Ah, un oso también. Un león y un oso. Qué gran guerrero. Qué poderoso asesino de bestias es este dulce cantante.

Después de lo que a David le pareció una eternidad, su padre, Isaí, alza la mano y la risa cesa.

—Está bien, David. ¿Estás diciendo que mataste a un león?

—Y a un oso —agrega Abinadab—. No olvide el oso, padre.

—¿Y un oso? —pregunta Isaí—. ¿Un león y un oso?

—Sí —responde David en voz baja.

Isaí mira a los ojos inocentes de su hijo menor y dice:

—La próxima vez que mates a un león o a un oso, ¿por qué no le cortas la cabeza? Tráela a casa y enséñasela a tus hermanos. A todos nosotros. Nadie llama mentiroso a nadie en esta familia; y no te estamos llamando mentiroso, hijo, pero la próxima vez, trae la cabeza.

LLEGA EL PROFETA

Cierto día, el profeta Samuel llegó al pueblo. Eso fue un gran problema, sobre todo en un pueblo como Belén. Ningún paparazzi lo sigue, aunque Samuel era el líder religioso más famoso de su época. Ver entrar a Samuel en Belén sería algo así como si hoy, una estrella de rock, se apareciera repentinamente en un pueblo pequeño o Billy Graham se hubiera presentado en una iglesia rural.

Desde que ungió a Saúl como el primer rey de Israel, Samuel casi se había retirado y había pasado a un segundo plano en el reino. Su regreso a la escena, su llegada a Belén, fue algo aterrador. Hubo una gran sospecha. ¿Qué significaba eso? Las Escrituras incluso dicen que los ancianos del pueblo tuvieron miedo al ver a Samuel, ni siquiera sabían la razón por la que estaba allí (1 Samuel 16:4). Les habría sorprendido saber que el motivo de la aparición de Samuel era algo que cualquiera llamaría traición: ungir a un nuevo rey cuando uno perfectamente sano se sentaba en el trono.

Samuel no pierde el tiempo al entrar a Belén. No era un tipo campechano en su día más soleado. Está ahí por un asunto serio. Así que les dice a los ancianos de la ciudad:

—Reúnanse en la casa de Isaí para ofrecer un sacrificio al Señor.

«¿En la casa de Isaí? ¿Para qué?», podrían algunos de ellos haberse preguntado si había venido a reprender al menor de Isaí por blasfemia. ¿Habían ofendido al gran profeta las extrañas y milagrosas historias del pequeño?

«Voy a ungir un nuevo rey», responde Samuel. Los ancianos están conmocionados, es probable que hasta horrorizados.

«Mira... escucha, no queremos discutir con un profeta. Por favor, no nos mates ni nada, ¿de acuerdo? Estamos contigo, ¿de acuerdo? Pero bueno, solo tenemos una pequeña —quizás importante, tal vez no— pregunta: ¿Qué pasa con Saúl?».

Sin duda alguna, Samuel responde sin rodeos: «¿Que qué pasa con él? Que ya no tengo nada que ver con Saúl. El próximo rey está en la casa de Isaí».

Dicho eso, todos se reúnen en la casa de Isaí. Las antorchas están encendidas, los ancianos están reunidos, un pavoroso misterio invade el lugar. Samuel se dirige directamente al hijo mayor y más fuerte de Isaí, Eliab. Es un perfecto ejemplar de hombre. «Se ve majestuoso», piensa Samuel. «No es Saúl exactamente, pero es lo suficientemente impresionante». Samuel extiende el aceite, listo para ungir a Eliab, cuando siente un freno espiritual.

«Este no es el indicado».

Mira al siguiente más grande, Abinadab. Una vez más: «Este no es el indicado». La misma historia con Sama y todos los demás hermanos presentes. «Este no es el indicado... Este no es el indicado... Este no es el indicado...».

Después de repasar a los siete hermanos, las siguientes palabras de Samuel a Isaí provocaron uno de los intercambios más divertidos de la Biblia:

—¿Estás seguro de que estos son todos tus hijos?

—¿Que si estoy seguro de que estos son todos mis hijos? —pregunta Isaí con disgusto—. ¿De qué me acusas? ¿Qué pasa con mis chicos? ¿Qué quieres decir con que son estos todos mis hijos?

—Bueno, ¿lo son?

Reinó el silencio.

—¿Son ellos? Cuento siete hijos. ¿Es esto correcto, Isaí?

Isaí se queda callado y mira hacia otro lado antes de responder.

—Ahí, bueno, hay otro... en el campo, en alguna parte. El más joven. Él es... bueno... ¿Qué puedo decir?

Samuel responde:

—Veamos qué ve Dios en él. Ve a buscarlo ahora. No nos sentaremos ni comeremos un bocado hasta que esté aquí.

Cuando David finalmente llega y ve a todos observándolo, debe haber pensado: «¿Qué hice ahora?». Así que, en voz baja, les pregunta: «¿Quieren escuchar una canción?».

No tiene ni idea de lo que está pasando, pero como más joven que es está acostumbrado a que lo dejen al margen. Samuel se acerca a ese niño flacuchento, oloroso a ovejas, con las rodillas como las de un camello, la nariz tostada por el sol, el pelo revuelto y un banjo (instrumento musical) colgado del hombro.

Es probable que el propio Samuel arguyera con Dios. «Ah, Señor, no. No, este no puede ser».

Samuel escucha la única opinión que cuenta. Surgen las palabras. «Este es el indicado». Al instante, Samuel inclina el cuerno, vierte aceite sobre David y lo unge como el próximo rey de Israel.

La reacción de sus hermanos debe haber sido sin precedente. Seguramente se irritaron, aunque no lo manifestaron en voz alta, para que Samuel no lo escuchara. Toda su ira y su envidia deben haber hecho que aquel misterioso acontecimiento fuera como una amarga pastilla, difícil de tragar.

Luego estaban los ancianos de la aldea de Belén. Deben haber temblado de miedo. Estuvieron presentes en esa ceremonia, la que consideraban una traición. Si Saúl se enteraba de eso, sabían que los mataría a todos y era posible que quemara hasta los cimientos de Belén.

David no tiene más idea que los demás de lo que le ha sucedido. Nadie le explicó nada. Él acaba de llegar del campo y un anciano le echó aceite en la cabeza. Observó a su padre con una mirada incierta en su rostro.

«Solo tienes que culparte a ti mismo, hijo», le dice Isaí. «Si sigues matando leones y osos con tus propias manos, esto es lo que sucede».

LECCIÓN DEL VIEJO DOCTOR MARK

Habrá momentos en tu vida en los que Dios haga algo que resuene profundamente en ti. Momentos que hacen destellar una señal en la pantalla de un sonar para que sepas que va a suceder algo importante. Luego pasan los años y no ocurre nada. Sin embargo, los años perdidos no borran la marca de Dios en ti. El anuncio se hizo. Simplemente, todavía no ha llegado el momento.

EL SIGUIENTE PASO: ESPERA

Quizás lo más extraño que muestra la escena de un anciano vertiendo aceite sobre un niño es que cuando eso acabe... acaba todo. Samuel regresa a su retiro de profeta solitario y David con sus ovejas. Todo vuelve a la normalidad. O eso parece.

Sin embargo, nada vuelve a ser normal. Dios ha dejado su huella en David, por lo que la historia de este apenas comenzaba. No obstante, es importante recordar que la historia de David no fue la única que se escribió. La historia de Saúl aún no estaba terminada. El hecho de que David fuera ungido no significaba que fuera el momento de dar el siguiente paso. Más bien, era hora de dar el siguiente paso, pero ese siguiente paso era simplemente esperar.

Dios retiró su unción de Saúl que, a su vez, cayó en un mundo de pesadilla demoníaca. Estaba lleno de rabia y de culpa. La Biblia lo expresa así, un versículo desconcertante para muchos: «El Señor le envió un espíritu maligno para que lo atormentara» (1 Samuel 16:14).

El alma atribulada de Saúl y su mente torturada fueron creadas por él mismo. Dios simplemente dejó que Saúl viviera con los tormentos que él mismo se forjó.

Pronto, Saúl estaba teniendo horribles pesadillas, por lo que no dormía bien. Un siervo de buen corazón en su campamento le dice al rey: «Oye, escuché acerca de un niño en Belén que puede tocar y cantar mejor que nadie en Israel. ¿Por qué no voy a buscarlo para ver si puede cantarte hasta que duermas?».

Saúl está dispuesto a intentar cualquier cosa en este momento, por lo que convoca a David a su campamento. Ahora, ¿qué podría haber estado pensando David en ese momento? No mucho antes, el líder espiritual más famoso de Israel derramó aceite sobre su cabeza y dijo que David era la elección de Dios para ser el próximo rey. ¿Ahora el rey actual ordena buscarlo? ¿Sabía Saúl eso?

¿Qué va a pasar con David?

Cuando el joven David llega a la tienda del rey, Saúl está dando vueltas y gimiendo detrás de un velo. Todas las lámparas de aceite se han apagado, salvo una luz parpadeante. Y el capitán de la guardia simplemente le dice a David: «Siéntate allí, toca y canta para el rey. A ver si puedes hacer que se duerma».

Aquí está el joven David, lejos de casa y probablemente asustado. En lo íntimo, él sabe que se supone que será el próximo rey, pero le dicen que toque y cante para el viejo y atormentado monarca que no puede conciliar el sueño. Es un momento muy extraño y aterrador en la vida del chico. Sin embargo, las circunstancias extrañas no son nada nuevo para él.

David toca y, al fin, el rey se duerme. Con el tiempo, David es enviado de regreso a Belén. Saúl y su ejército se dirigen a la batalla, y no sucede nada más con David. Se acabó. Simplemente, vuelve a pastorear.

Y ahí es exactamente donde Dios lo quería en ese momento.

Enfoque del líder: La promoción viene del Señor.

Los jóvenes de hoy pasan demasiado tiempo tratando de abrirse camino entre las oportunidades. De hecho, nadie es realmente inmune a eso. Ya sea que estemos recién egresados de la universidad o veinte años en una profesión, cuando vemos incluso el indicio de una oportunidad, nuestro instinto inicial puede ser abrir la puerta nosotros mismos.

No nos atrevemos a promovernos a nuestro próximo trabajo. No podemos obligar a los demás a ver lo que solo nosotros podemos ver, o creer que vemos, en nosotros mismos y poner en marcha nuestro destino a una velocidad superior. La promoción no viene de nosotros ni incluso de otros. La promoción viene del Señor, solo del Señor.

Usted está donde se encuentra ahora porque ahí es donde Dios quiere usarlo en este momento. Quizás le hayan dicho que va a ser el próximo rey. ¿Lo es ahora? David no lo era. Él hizo su trabajo allí, justo donde estaba. Era pastor y lo hacía bien. Tenía talento para la música y la ejecutaba bien. Cuando se le dio la oportunidad de cantar y tocar —de entre todas las personas— para su predecesor poseído por el demonio, lo hizo bien.

Espere su próxima oportunidad en el Señor. Cuando se presente esa oportunidad, no se deje atrapar por la trampa de darle demasiada importancia. Después que David le cantó a Saúl para que se durmiera, no husmeó ni comenzó a planear una hostil toma de posesión. No se dijo a sí mismo: «Dios finalmente me ha traído a mi destino. ¡Es hora de comenzar mi reinado!». Cumplió con lo que lo llevaron a hacer allí y luego se fue a casa con sus ovejas.

David tuvo la oportunidad de servir al rey y lo hizo bien. Eso es todo lo que Dios quería de él en aquel tiempo. Su momento de convertirse en rey aún no había llegado.

Siga el ejemplo de David. Aprenda a esperar en el Señor. Confíe en el tiempo de Dios. Deje que él lo guíe al campamento de Saúl. Deje que Dios trabaje en Saúl.

Deje que trabaje en usted. Deje que trabaje en Samuel. Al fin, todas esas líneas han de cruzarse en el momento correcto. En el tiempo de Dios.

Dios tiene el control de su vida, él está trabajando en diversos lugares y en diferentes momentos para llevarlo a donde necesita estar en el tiempo exacto.

Espere en el Señor. Deje que Dios lo promueva a su manera y en su propio tiempo. Llegar al lugar correcto es bueno, por supuesto. Pero llegar en el momento adecuado es incluso mejor.

Capítulo 2

EL REY A LA SOMBRA

———

Basado en 1 Samuel 17

EN AQUEL CAMPO de batalla en el valle de Ela, un jovenzuelo David se paró ante todo el ejército israelí —integrado por guerreros experimentados, veteranos que le duplicaban su edad, armados de espadas y escudos manchados con sangre de la guerra—, gritándoles e instándolos a actuar. «¿No tienen motivos para pelear? ¿Van a permitir que este gigante insulte a nuestro Dios así? ¿No creen que Dios les dará la victoria sobre este grosero blasfemo?».

Aunque todavía era un adolescente, con menos experiencia en la batalla que los burros que cargaban las carpas del ejército, el joven David era valiente y maduro en la fe. Mucho antes de convertirse en rey, antes de vivir como refugiado y proscrito, David podía reconocer quiénes eran sus verdaderos enemigos y quiénes no, quiénes debían ser puestos en su lugar y quiénes debían ser respetados, a quién debía sacar del equipo y a quien dejar en las manos de Dios.

Cada líder se hace de sus enemigos. Es parte del paquete, es algo que viene con el título. Un rey de Israel tiene muchos enemigos. Un líder sabio reconoce que algunos enemigos aparentes no son verdaderos enemigos, y algunos que parecen ser amigos son letales.

El hecho de ser puesto en el camino hacia la realeza a una edad tan temprana le dio a David una amplia oportunidad de aprender sobre los enemigos. Quizás el mayor don de liderazgo de David en su juventud fue saber con qué enemigos tenía que lidiar y cuáles dejarle al Dios vivo.

LEALTAD AL REY

Las Escrituras no dan una indicación clara de que Saúl y David se encontraran cara a cara durante esas noches en la tienda cuando este último le cantaba al inquieto monarca. Eso puede parecer extraño, pero sería un mal consejo suponer que Saúl y David establecieron algún tipo de relación como la de padre e hijo. Quizás sucedió, pero lo más probable es que no fue así. Después de todo, Saúl era un rey y David un trovador visitante.

La tienda del rey no era una tienda de campaña como la de un Boy Scout. Más bien, debe haber sido bastante grande, tal vez con un velo colgante que separaba el área de dormir del resto de la tienda. Cuando trajeron a David con su lira, probablemente Saúl ya estaba en cama, dando vueltas y moviéndose inquieto, tal vez luchando con sus demonios. El lamentable gemido del rey debió poner nervioso a aquel inexperto chico de una aldea rural.

Es probable que se le haya dicho a David que se sentara al otro lado de la habitación, sobre unas almohadas colocadas para él, y que interpretara algunas canciones hasta que el rey se durmiera y reposara en paz. Luego se le permitía que volviera a la tienda de equipajes donde dormía. Eso duró un tiempo indeterminado, antes de que Saúl se sintiera mejor y listo para emprender campaña militar. Así, los caminos de los dos reyes volvían a separarse.

No sabemos si los dos monarcas se encontraron cara a cara en el transcurso de ese tiempo. Sabemos que David, el joven rey a la sombra, fue incapaz de iniciar un motín en esas largas noches en las que el monarca Saúl probablemente tuviera sus momentos más vulnerables. David tampoco difundió el rumor —por todo el campamento— de que Saúl había perdido la unción de Dios. Ni dejó ver que, a él, un chico que mataba leones y osos con sus manos, el propio profeta Samuel le anunció que sería el próximo rey.

Al contrario, David fue leal a Saúl. Lo honró. Se compadeció de él y trató de consolarlo —tanto como pudo— con las habilidades musicales que Dios le había otorgado. En ese punto temprano de su historia, David no sabía todas las razones por las que Dios le había quitado la unción a Saúl ni qué había hecho este para traer sobre sí tan demoníaca tortura. Eso fue entre Dios y Saúl. Consciente de que era el próximo monarca elegido por Dios, David permaneció leal al rey Saúl, un hombre indigno.

Aun en años posteriores, cuando sería evidente afirmar que Saúl se había convertido en el enemigo jurado de David, este permaneció leal a su rey. David se negó a matar al hombre que intentaba asesinarlo. En dos ocasiones, David pudo haber matado a Saúl y apoderarse del trono que le correspondía por derecho, pero no quiso hacerlo.

Este extraño sentido de lealtad hacia el hombre que intenta matarlo hace que David parezca un tonto para muchos en el mundo moderno. Saúl odiaba a David, pero David amaba a Saúl. Saúl arrojó una jabalina para matar a David, pero un poco más tarde David se paró sobre Saúl mientras dormía y no le hizo daño. Saúl ciertamente consideraba a David su enemigo, pero David consideraba a Saúl su rey.

Saúl era el rey de David, un soberano indigno, pero —no obstante— su rey. Si David hubiera levantado la mano contra Saúl, ya fuera en la tienda de campaña cuando era chico o en el campo de batalla cuando era joven, en vez de convertirse en el rey más grande de Israel, habría sido reemplazado tan rápido como lo fue Saúl.

David pecó. Ah, pecó varias veces. Los suyos no eran pecados insignificantes, pero la fuerza del carácter de David —lo que lo convirtió en David el Grande— se basaba en su indiscutible convicción de dos cosas: lealtad al pueblo de Dios y lealtad al Dios del pueblo. Como hombre de Dios, David —hasta el día de la muerte de Saúl— vio al soberano israelita como su rey. En todos sus años huyendo, David se negó a extender su violenta mano contra el hombre que Dios había ungido como rey. A los ojos de David, Dios había designado a Saúl como rey; por tanto, Dios debía ser quien lo destituyera como tal.

A una edad sorprendentemente joven, David tuvo la asombrosa sabiduría de no tocar a Saúl, no solo en la tienda la primera noche que se cruzaron sus caminos, ni tampoco en el campo de batalla años después. Saúl hizo de David su enemigo. David rehusó hacer lo mismo con Saúl. El joven y futuro rey ungido ciertamente tendría muchos enemigos a lo largo de su vida, ninguno más grande que el hombre llamado Goliat.

LECCIÓN DEL VIEJO DOCTOR MARK

Es mejor que sea leal a una persona indigna que alzar la mano contra la que Dios ha puesto en su lugar. Si un pastor —jefe u otro líder— está equivocado o es inicuo, deje que Dios se ocupe de eso. Deje que Dios exponga el pecado. Deje que Dios elimine a esa persona. Manténgase fiel o simplemente váyase. El derecho de irse siempre es suyo. No tiene que sentarse ahí y dejar que alguien le meta una jabalina en la garganta. Usted, simplemente, no tiene el derecho de sacar la jabalina de la pared y lanzársela a su agresor.

CÓMO ENFRENTAR AL GIGANTE

La historia de David y Goliat ha sido tan «narrada en la Biblia» que hoy es difícil comprenderla en verdad. Hay mucho más en la historia que la versión bíblica para niños de un valiente y hábil chico que, a pesar de ser demasiado pequeño para usar la armadura del rey, mata a un gigante con solo una piedra. No es que las historias populares estén equivocadas; simplemente son incompletas.

David era todavía un adolescente en el momento de la batalla que lo convirtió en una leyenda viviente. Demasiado joven para servir en el ejército de Saúl como sus hermanos Eliab, Abinadab y Sama, el delgado adolescente seguía siendo un pastor y el chico de los recados de su padre, Isaí.

Sin embargo, el guerrero ya estaba dentro del niño y esperaba con ansias los momentos en que su padre lo enviara al campamento de Saúl para llevar un mensaje o algo de comida a sus hermanos. En un viaje en particular al ejército, David encontró a los filisteos e israelitas acampados en colinas opuestas al otro lado del valle de Ela. David escuchó conmocionado la manera en que un guerrero filisteo avanzaba con audacia a la vista de todos desafiando a los israelitas a que sacaran a un campeón propio para un combate personal —hombre a hombre— en el que el ganador se lo llevaría todo.

Esta era una antigua costumbre. La idea era que dos campeones lucharan y el ejército al que perteneciera el perdedor depondría las armas y se rendiría sin que nadie más tuviera que morir. Por supuesto, eso rara vez sucedía, porque ningún ejército quiere caer sin luchar. Por lo general, la batalla de dos hombres simplemente servía como entretenimiento o precalentamiento, si se quiere, antes de la batalla real.

Cuando el joven pastor llegó al campo de batalla con pan y queso para sus hermanos y su capitán, vio por primera vez a Goliat, el gigante filisteo, que se había estado burlando de los israelitas durante cuarenta días.

Al describir a Goliat, la Biblia no usa la palabra *gigante* de manera frívola. El hombre medía más de dos metros y medio. De hecho, pertenecía a una familia de gigantes, con cuatro hermanos que eran todos unos toscos grandulones. No eran monstruos, solo humanos especialmente enormes; sobre todo en comparación con David, que todavía estaba esperando que sus músculos se desarrollaran.

David, parado ahí con las provisiones, mira de arriba a abajo la línea de soldados curtidos por la batalla, con sus armaduras, sus lanzas y sus espadas, un grupo feroz, sin duda.

—Entonces, ¿quién de ustedes va a matar a este tipo? Esto es asombroso. Parece que llegué en el momento adecuado.

—Ah, creo que es hora de comer —dice uno de los soldados.

—Me duele el tobillo.

—Lo haría, pero luché contra el último campeón, y no quiero ser clasificado como «ese tipo».

—No quiero morir hoy.

Al menos uno de ellos fue franco.

David no puede creer lo que está escuchando. ¿Son estos los mejores soldados que tiene Israel? Sus propios hermanos están entre ellos. ¿No saben que luchan por el ejército del Señor?

«Bueno, ¿y si lucho contra él?», pregunta David. «¿Qué obtengo si mato a este extranjero?».

Es probable que los soldados, suponiendo que el niño estaba bromeando, le siguieran el juego; por lo que le hablan de los premios que el rey Saúl le ha ofrecido al que derrote al gigante filisteo. Le darían un tesoro, lo nombrarían general del ejército y se casaría con la hija de Saúl. Además, su familia completa nunca más tendría que pagar impuestos.

Los ojos del adolescente eran más grandes que sus bíceps. «BIEN, entonces. ¡Hagámoslo! Si ustedes no se oponen a este pagano que se atreve a desafiar al ejército del Dios viviente, lo haré yo».

A esas alturas, el hermano mayor de David —Eliab— reconoce la voz de su hermano menor y se dirige hacia él. «¿Qué estás haciendo aquí, pequeño idiota? ¿No deberías volver a casa con tus ovejas y leones imaginarios? ¡Conozco tu malvado corazón, hermanito!».

En ese momento, al otro lado del camino, el gigante filisteo ruge una vez más: «¡Yo desafío hoy al ejército de Israel! ¡Elijan a un hombre que pelee conmigo!» (1 Samuel 17:10).

David no puede soportarlo más. ¿Cómo puede el ejército de Dios, dirigido por el rey de Dios, dejar que este enemigo los humille así? Aunque es casi doce centímetros más bajo que todos los soldados que lo rodean, David levanta la barbilla tan alto como puede y les grita a todos: «¿No tienen motivos para pelear? ¿Van a permitir que este gigante insulte a nuestro Dios así? ¿No creen que Dios les dará la victoria sobre este grosero blasfemo?».

Ahora, Eliab está furioso. Su insolente hermanito acaba de llamarlo, pero no sabe qué decir. David se voltea hacia su hermano mayor y esta vez solo le habla a él.

Con la confianza que solo puede provenir de alguien que literalmente ha luchado con un oso y ha ganado, dice: «¿Sabes qué, hermano? Tienes razón. Todos estos años has tenido razón. Yo no maté a ese león. Ni al oso... Dios fue el que lo hizo. Solo me usó para hacerlo. Si ninguno de ustedes va a enfrentarse a este pagano, que está ridiculizando a nuestro pueblo y a nuestro Dios, entonces, en el nombre de Dios, lo haré yo. Al igual que el león y el oso, Dios también lo derribará. Y voy a dejar que Él me use para hacerlo».

LECCIÓN DEL VIEJO DOCTOR MARK

Advertencia: La persona que simplemente hace lo correcto con ingenuidad parecerá manipuladora, intrigante, provocadora y egocéntrica para aquellos que son cínicos. Sin embargo, esa persona no es necesariamente el idiota arrogante y egoísta que otros pueden afirmar que es. Simplemente se ha separado de su cosmovisión pecaminosa y tiene una visión que otros no tienen.

Los hermanos de David no tenían nada que decir en ese momento. David no iba a dejar de hablar de eso. Dejó la casa de su padre con la misión de alimentar a sus hermanos y a sus colegas, pero ahora su misión es defender a Israel y a su Señor. Pudo hacer eso porque tenía un valor que nació del don de la fe. Simplemente tenía una confianza serena y silenciosa de que Dios iba a hacer el trabajo. «Dios me ayudó a matar al león. Dios me ayudó a matar al oso. Dios matará a este gigante filisteo. No sé cómo. Todo lo que sé, todo lo que tengo es el arma de un pastor. No tengo espada. Lo que tengo es una honda. Será suficiente. Recogeré algunas piedras del arroyo y escucharé la instrucción de Dios».

Mientras el resto de los soldados del ejército de Israel solo ven el tamaño del gigante, David ve el tamaño del Dios de Israel. David se aproxima al gigante y, en efecto, comienza a burlarse de él. El niño, que probablemente pese veinte kilos, se está burlando del gigante de casi tres metros de altura. Acaso, ¿está loco? De ninguna manera. Aun cuando era un adolescente, David nos estaba dando una pista de la genial estrategia militar que usaría una y otra vez para ganar batallas y expandir el reino.

Goliat tiene su propio ayudante de guerra o escudero, cuyo trabajo es caminar junto a él y llevar su gigantesco escudo. Mientras Goliat estuviera detrás de ese escudo, las rocas de David simplemente iban a rebotar contra aquella pared de hierro movible y a caer inofensivamente al suelo. Sin embargo, si David podía irritar a aquel arrogante campeón filisteo lo suficiente, podría hacer que descuidara a su escudero...

Así que David le grita al gigante: «Tú vienes contra mí con espada, lanza y jabalina, pero yo vengo a ti en el nombre del

SEÑOR Todopoderoso, el Dios de los ejércitos de Israel, a quien has desafiado. Hoy mismo el SEÑOR te entregará en mis manos; y yo te mataré y...» (1 Samuel 17:45-46).

David se detiene en medio de la amenaza, tal vez sonríe y mira hacia sus hermanos.

Entre sus estruendosas risotadas, Goliat habla. «¿Me matarás y qué, pequeño?».

Cuando, al fin, David capta la atención de los ojos de Eliab, asiente con la cabeza y se vuelve hacia el filisteo. «Te cortaré la cabeza».

El plan de David funciona tal como esperaba. Ante esa amenaza absolutamente ridícula, el risueño gigante sale de detrás de su escudero y ataca a David, que tranquilamente coloca la primera piedra en su honda, la hace girar sobre su cabeza —como lo ha hecho miles de veces— y la suelta golpeando a Goliat entre los ojos. Inmediatamente, el gigante cae boca abajo en el barro. ¿Está muerto? David no está seguro. Pronto lo estará. El futuro rey agarra la espada de Goliat (¿qué tan pesada debe ser una espada de hierro de alguien de casi tres metros de altura?), se asegura de que sus hermanos lo estén mirando y le corta la cabeza al gigante.

Recuerde, los israelitas todavía vivían en la Edad de Bronce en ese momento. Los filisteos eran los únicos que tenían armas y herramientas de hierro en toda la tierra, y les habían prohibido a los israelitas poseer algo de hierro, para tener siempre la ventaja en las batallas. Cuando David agarró la espada de hierro de Goliat y decapitó al gigante con ella, fue una poderosa declaración política para los filisteos: si no nos dejan forjar armas, tomaremos las suyas y los mataremos con ellas.

En una tarde, David le quitó la cabeza a un gigante y se ganó la admiración de una nación. La fatídica colisión de dos reyes, David y Saúl, ahora era inevitable.

Enfoque del líder: Elija sabiamente a sus enemigos.

¿Cuántas veces le dijo su madre: «Elige sabiamente a tus amigos»? ¿El primer día del prescolar, de secundaria, de preparatoria, de universidad? Ella no estaba equivocada. Por favor, no le diga que dije que estaba equivocada. Por supuesto, debemos elegir sabiamente a nuestros amigos.

Más importante que elegir sabiamente a nuestros amigos es escoger de manera sabia a nuestros enemigos. ¿A quién se opondrá usted y a quién será leal? ¿A quién servirá, quizás aun cuando no esté de acuerdo con esa persona o haya perdido el respeto por ella?

¿A quién se enfrentará cara a cara y le dirá: «No. Esto no. Ahora no. No tú. Esto no puede permanecer»?

Aquellos que Dios ha puesto sobre usted —su jefe, su pastor, su maestro— aun cuando intenten inmovilizarle contra la pared con una jabalina, no son sus enemigos. Huya si debe hacerlo, como lo hizo David, pero no intercambie golpes con ellos. Dios los puso en su posición; deje que Dios los derribe. ¿No cree que él es capaz de hacer eso?

Cuando las Escrituras nos dicen que nos sometamos a las autoridades superiores (Romanos 13:1), no hay ninguna advertencia adicional que diga: «Sométase a las autoridades superiores a menos que se opongan a sus puntos de vista, si no es así no les obedezca». Debemos someternos a las autoridades que Dios ha puesto sobre nosotros, y punto. A veces, eso incluirá personas con las que hemos sido demasiado rápidos al etiquetar como nuestros enemigos.

No se arriesgue a convertirse en enemigo de Dios o de las cosas de Dios. Suelte la jabalina, el martillo, los puñetazos verbales, aunque sean verdaderos, y siga siendo un soldado firme y leal, así como David eligió para entonces servir al rey Saúl.

Por otro lado, no tema declararse enemistado con las fuerzas satánicas en las altas esferas. Si se envuelve en la fe y usa las armas de Dios, no puede perder. Su oposición a las fuerzas satánicas, junto con su firme lealtad a los no enemigos, bien puede ser el fuego que refine su carácter.

CAPÍTULO 3

EL NUEVO ÍDOLO HEBREO

Basado en 1 Samuel 18—20

C UANDO DAVID SE volteó y arrojó la cabeza de Goliat a los pies de sus hermanos, los filisteos restantes —todos de casi un metro más pequeños que su campeón— huyeron por sus vidas de regreso a Gat. Con renovada confianza e inspirados por el pastorcillo, el ejército hebreo cargó contra los filisteos y los masacró. La Biblia dice que «Todo el camino, desde Sajarayin hasta Gat y Ecrón, quedó regado de cadáveres de filisteos» (1 Samuel 17:52).

Cuando los soldados regresaron a casa, no fue el rey Saúl por quien brindaron ni cuyas historias celebraron, fue por David. El joven pastor se convirtió en una celebridad de la noche a la mañana. Todo el mundo hablaba de él. Era el nuevo héroe hebreo. «Saúl mató a sus miles, ¡pero David, a sus diez miles!» (1 Samuel 18:7) se convirtió en la canción pop de la época.

Sin embargo, tan rápido como David se convirtió en la persona más famosa del país, también entró en la lista de los diez más buscados: la lista del rey Saúl.

LECCIÓN DEL VIEJO DOCTOR MARK

Algún día, usted puede ser un alto ejecutivo en una empresa u organización, y es probable que tenga un empleado que esté haciendo los mejores negocios y escalando posiciones. Es el nuevo «genio» en el área y está siendo tratado como un mesías. Sí, matarlo sería una forma ingeniosa de tratar el asunto, pero no recomendaría seguir el enfoque de Saúl. Sin embargo, hay otra forma de lidiar con eso: déjelo ganar. Póngale guirnaldas alrededor del cuello para felicitarlo y apropiese del mérito de haberlo contratado. Si vive en un egoísta caparazón emocional y se ve amenazado por los éxitos de su propio personal, terminará destruyendo su propia casa, tal como lo hizo Saúl.

Recuerde que en aquel tiempo no había una línea de sucesión clara en la monarquía de Israel, puesto que Saúl fue el primer rey. No nació para el trono. Estaba arando los campos un día, cuando un hombre extraño que llevaba un cuerno de aceite lo ungió como el primer rey de Israel. Años más tarde, no tenía ni idea de cómo llegaría al poder el próximo rey.

¿Sería su hijo Jonatán? ¿O Dios ya había ungido al nuevo rey? ¿Le había prometido Saúl a su hija a «otro más digno que él» y le había dado a su sucesor acceso directo a su reino, sin saberlo?

EL GUERRERO MÁS FAMOSO

Tenemos el beneficio de leer esas historias tres mil años después de ocurridas. Nadie en Israel sabía lo que sabemos nosotros. Saúl era rey, pero perdió la unción. ¿Qué significa eso exactamente? David era el rey ungido, pero no era rey. Es más, ¿sabía claramente que era el próximo rey? Recuerde que él llegó un día del campo y un anciano le echó aceite. ¿Le dijo alguien lo que acaba de pasar? Seguramente los ancianos y sus hermanos, que estaban en su casa ese día, estaban demasiado aterrorizados como para decirle algo a alguien por temor a que Saúl les quitara la vida.

¿Y Saúl? Ya no era el guerrero más famoso de Israel. Al contrario, el guerrero más famoso era un chico de la mitad de su tamaño que era demasiado joven para siquiera servir en el ejército. Sin embargo, todo el mundo hablaba de David, incluso los soldados en el cuartel: «¿Viste al muchacho que le cortó la cabeza al gigante? No me importa lo joven que sea. Podría seguirlo».

Saúl escuchó los murmullos alrededor del campamento. Probablemente incluso ofreció uno o dos brindis en honor de David, para dar la impresión de que amaba al joven tanto como todos los demás. Sin embargo, por dentro estaba furioso. Y, más rápido que ya, se enfureció aún más. Una noche, después de regresar a casa de una batalla victoriosa contra los filisteos, el «espíritu maligno» de parte del Señor venció a Saúl nuevamente, y el joven pastor fue llamado una vez más para tocar su instrumento ante el rey. Sin embargo, a diferencia de las primeras veces, Saúl no dormía inquieto en otra habitación. Esta vez, Saúl estaba ocupado en otra cosa.

El rey se dice a sí mismo: «Si no puedo matar a David yo mismo, haré que lo maten en el campo de batalla». Así que nombró al adolescente capitán de un escuadrón de soldados y lo envió a la más peligrosa de las misiones. En la mente de Saúl, el joven había tenido suerte una vez con el gigante, pero seguramente no había forma de que pudiera sobrevivir en una batalla real con un ejército real de soldados enemigos.

Saúl no sabía lo que sabemos nosotros todos estos años después: David era simplemente un imán para lo sobrenatural. Música, leones, osos, Goliat... Dios estaba guiando a David a través de todo, incluidas las batallas que Saúl pretendía que fueran la muerte de David. De hecho, no solo David sobrevivió a todo, sino que con cada victoria aumentaba tanto sus seguidores como su fama. Todos querían apoyar al adolescente que siempre ganaba.

MATRIMONIO CON UNA PRINCESA

Saúl no ha olvidado su promesa de dar a su hija en matrimonio al soldado que derribó al campeón filisteo. No es sorprendente que una de sus hijas, Mical, se haya enamorado del nuevo héroe favorito de todos. Saúl ideó otro plan para acabar con el reino de David aun antes de que comenzara.

Un día, Saúl envía a algunos de sus hombres ante el joven David. Le dan una palmada en la espalda a David y fingen su aprobación. «¿Te ha dicho el rey últimamente cuánto te aprecia? Quiere que te conviertas en su yerno».

David, por supuesto, se había ganado la mano de la hija del rey en matrimonio cuando mató a Goliat. En este punto, tenía todo el derecho a decir: «¡Ya era hora! Me preguntaba si el rey Saúl iba a ser un hombre de palabra». Pero eso no estaba en la naturaleza de David. Su genuina humildad y su gracia eran parte importante de lo que lo hacía tan atractivo.

LECCIÓN DEL VIEJO DOCTOR MARK

Los celos, la envidia y el odio no tienen límites racionales. Si alguien lo odia sin razón o le tiene envidia, tanto mejor actúe usted, más maduro y comedido se conduzca, más le odiarán. Continúe haciendo lo correcto, pero tenga en cuenta que es posible que al hacerlo no ganará a sus enemigos.

David dice de manera humilde: «No soy digno de casarme con una princesa así. ¡Nunca podría ser el yerno del rey! Solo soy un pobre don nadie, un pastor. De todos modos, no hay forma de que pueda pagar el precio de la novia por la hija de un rey».

Los hombres de Saúl sonríen porque el tonto e ingenuo joven ha mordido el anzuelo tal como el rey sospechaba que lo haría. Así que responden con rapidez: «El rey pensó en eso, y llegó a la conclusión de que un precio justo por la novia sería que mataras y circuncidaras personalmente a cien soldados filisteos. Cuando le traigas sus prepucios, te dará a su hija».

Ha leído bien. Que mate a cien filisteos y luego tome sus prepucios.

«¿Solo cien?», dice David. «Permítanme traer doscientos».

David no se muestra presumido ni arrogante. Espera sinceramente mostrarle a Saúl que es digno de confianza, el tipo de siervo o yerno que irá más allá, que hará con entusiasmo más que lo mínimo.

Es difícil imaginar una escena más desagradable que el momento en que David arroja doscientos prepucios ensangrentados a los pies de Saúl. Aun así, eso sucedió. Está ahí mismo, en 1 Samuel capítulo 18. Se lo advertí. Esto fue hace tres mil años, no en el Palacio de Buckingham. Eso no sucedió en los alrededores de una monarquía moderna. «Su Alteza, le presento al Caballero David, a quien le gustaría ofrecerle este cofre lleno de oro a cambio de la mano de su hija». ¡Nada de eso!

Aun así, eso carece de sentido, el punto es la capacidad de David —independientemente de los esfuerzos de Saúl por matarlo— para continuar bajo el poder de Dios de victoria en victoria.

EL ESPÍA INVOLUNTARIO

Nuestras ideas modernas sobre el matrimonio simplemente no encajan en los tiempos turbulentos y primitivos de finales de la Edad de Bronce. Es un desafío para el lector moderno comprender las costumbres antiguas, como las esposas múltiples, las concubinas y el precio de una novia. Seguramente ya está claro: David no es un cristiano del siglo veintiuno. Vivió hace tres mil años. En aquellos días, si un padre decía: «Puedes casarte con mi hija si me traes cien prepucios filisteos», ese era el trato. No había escapatoria ni la posibilidad de ignorar el precio de la novia. Nunca se preguntaba qué quería la chica. ¿Usted deseaba casarse con ella y podía pagar la tarifa indicada en el folleto? Por supuesto, no siempre importaba lo que quisiera el futuro novio. Los matrimonios concertados, acordados por los dos pares de padres, eran la regla más que la excepción.

La diferencia aquí era que David era una estrella de rock. Las chicas se desmayaban por él, incluida la hija de Saúl, Mical.

La misma que le dijo a su padre que le encantaría casarse con David porque se había enamorado de él.

La astuta mente de Saúl se puso en acción. Decidió manipular a su propia hija enamorada. Desde el mismo momento del matrimonio, Saúl comenzó a sonsacar a Mical para que le informara sobre David. Ella era la espía de Saúl y ni siquiera lo sabía. Mical fue una figura trágica en la historia de David; su tragedia comenzó con el espionaje y terminó en amargura.

Desde el comienzo de la relación, el matrimonio se corrompió debido a una lealtad dividida en el corazón de Mical. Esta se convirtió en la patética rehén de una pesadilla histórica. No fue completamente culpa de ella pero, al final, decidió ser más leal a su padre que a su esposo; por lo que pagó un alto precio.

Sin embargo, el hijo de Saúl, Jonatán, no era Mical ni Saúl. Jonatán era un hombre admirable, un hombre verdaderamente decente que se convirtió en el mejor amigo de David.

LECCIÓN DEL VIEJO DOCTOR MARK

Señoras, nunca se convertirán en reinas si no pueden dejar de ser princesas. En algún momento, tienen que pasar de ser la niña de papá a ser la esposa de su esposo. Si no lo hacen, su matrimonio nunca será firme.

EL AMOR DE UN AMIGO

He pasado gran parte de mi vida en África. Un domingo por la noche después de predicar en Obuasi, el pastor tomó mi mano y la sostuvo mientras caminábamos hacia los autos. ¡Ah! No me sentí cómodo con aquello, pero traté de no dejar que mi expresión me delatara. Después de que el pastor se fue, le comenté a nuestro director en Ghana al respecto, y rápidamente me amonestó por permitir que la obsesión por el sexo del mundo occidental me impidiera entender la amistad. «Él, simplemente, caminó con usted y le hizo un gesto de amistad al tomarle de la mano», me explicó. «No era nada sexual. Era amistad».

Esta incómoda mentalidad occidental nos impide comprender y apreciar la amistad de David y Jonatán. C. S. Lewis, en su libro *Los cuatro amores*, afirma que el amor compartido por las personas en una amistad se considera de poco valor en el mundo moderno, si es que se considera. Explica que dos enamorados están absortos el uno en el otro, mientras los amigos se abrazan y avanzan juntos hacia un bien común; los amigos se paran hombro a hombro en pos de una visión compartida.[1] David y Jonatán tenían ese tipo de amor entre ellos. Primero de Samuel 18:1-4 dice: «Una vez que David y Saúl terminaron de hablar, Saúl tomó a David a su servicio y, desde ese día, no lo dejó volver a la casa de su padre. Jonatán, por su parte, entabló con David una amistad entrañable y llegó a quererlo como a sí mismo. Tanto lo quería que hizo un pacto con él: Se quitó el manto que llevaba puesto y se lo dio a David; también le dio su túnica, y aun su espada, su arco y su cinturón».

Nunca hubo indicio alguno de homosexualidad entre esos dos jóvenes. Se amaban y cuidaban genuinamente el uno al otro como amigos, hasta el punto en que Jonatán desobedeció a su padre —el rey— cuando trató de asesinar a David.

Saúl despreció a David. Envidiaba irracionalmente la celebridad de David. Saúl, después de todo, era el rey. ¿Cómo podría alguien, incluso un apuesto joven guerrero, amenazar al rey?

En repetidas ocasiones intentó que asesinaran a David. Saúl nunca soñó que David tendría éxito con el macabro precio de la novia que exigía por su hija. Estaba seguro de que matarían a David. Ahora tiene un espía en el dormitorio de David. Su rabia y su locura alcanzaron un nuevo nivel en 1 Samuel 20 cuando le reclamó a Jonatán, gritándole a su propio hijo: «¡Hijo de mala madre! —exclamó—. ¿Crees que no sé que eres muy amigo del hijo de Isaí, para vergüenza tuya y de tu desgraciada madre?» (v. 30).

Al leer entre líneas aquí, Saúl básicamente estaba llamando maniática sexual a la madre de Jonatán, incluso insinuando que la madre de este pudo haberse acostado con David. Además, aparentemente estaba acusando a Jonatán y a David de una relación perversa. Saúl estaba loco. Con una rabia demoníaca, hizo acusaciones escandalosas contra su propia familia.

Habría sido muy fácil para Jonatán alejarse de David, poner cierta distancia entre el joven a quien su padre convirtió en enemigo público número uno y él. En algún momento de todo aquello, Jonatán se dio cuenta de que nunca sería el próximo rey y que a David se le había dado esa unción. Esa debería haber sido razón suficiente para que Jonatán ayudara a Saúl a matar a David.

Sin embargo, nunca se retractó del juramento que le hizo a David. Protegió a David de su padre, sin importarle el costo. Él le dijo a David: «Que el Señor esté contigo como solía estar con mi padre» (1 Samuel 20:13). Jonatán se negó a permitir que la locura de su padre arruinara la mejor amistad que había tenido y, al contrario de eso, él y David eran una clase de amigos que la mayoría de nosotros nunca experimentaremos.

Enfoque del líder: Busque y haga amigos cuyas vidas edifiquen la suya.

A aquellos que crecieron en medio del relativismo posmoderno les han inculcado la creencia popular de que hay dos lados en cada historia. Ciertamente, no es malo investigar completamente antes de determinar la culpa en un asunto. Sin embargo, en algunas situaciones, no importa lo que le hayan enseñado, no hay dos lados. A veces alguien es solo un villano, una mala semilla. No está desgarrado, ni confundido y, en el fondo, no es «un buen tipo». Es simplemente un tipo malo, como Saúl en sus últimos años.

Saúl es un tirano endemoniado, ególatra, manipulador, engañoso y violento. David, al menos en su trato con Saúl, es una persona de honor, carácter, integridad y lealtad. David continúa tratando a Saúl con el respeto debido a un rey.

¿Con quién se alinearía usted? ¿Con David o con Saúl?

Parece simple, ¿no? Sin embargo, el mundo tiene una forma de enturbiarlo todo para nosotros. Esto es lo que sucede con la esposa de David, Mical. Se enamoró de un hombre de carácter, pero no iba a afrontar la verdad sobre su padre. Jonatán, sin embargo, reconoció tanto a David como a su padre por lo que eran. La amistad de Jonatán y David fue edificante, honorable y duradera. Jonatán se negó a traicionar a David, incluso ante su propio padre.

Los jóvenes de hoy, especialmente en Occidente, llaman muy fácilmente «amigos» a demasiadas personas. El hecho de que alguien le haga «amigo» en Facebook no significa que esa persona sea su amigo. Los conocidos no son amigos; son solo personas que uno conoce.

Si usted puede establecer una verdadera amistad como la de Jonatán y David —aunque no sean muchas—, debe estar agradecido. No confíe mucho en las «amistades» casuales.

No evada mucho a las personas. Véalas por lo que son. Encuentre un amigo y sean honorables, leales y sacrificados mutuamente.

CAPÍTULO 4

DE HÉROE A LOCO

Basado en 1 Samuel 19—22

L A PRÓXIMA LLAMADA telefónica puede cambiarle su vida. No hay forma de saber de antemano todo lo que resultará de cada decisión que tomemos. Aun conscientes de esto, todavía hay momentos en los que presionamos el botón de «pausa» en la vida, nos tomamos un momento para mirar a nuestro alrededor y nos preguntamos: «¿Cómo demonios terminé aquí? ¿Cómo pasé de donde estaba ayer a este instante, aquí donde estoy? Algo no anda bien».

Es probable que estos hayan sido los pensamientos de David cuando se encontró en Gat, la ciudad natal de Goliat donde —dicho sea de paso— todavía vivían los hermanos del gigante. ¿Cómo llegó David a esto: a revolcarse en el suelo, a echar espuma por la boca, a comer tierra, babeándose la barba y balbuceando como un demente? «¿Cómo diablos terminé aquí? Algo terriblemente mal ha tenido que ocurrir».

REFUGIADO EN RAMÁ

¿Cómo, en verdad? David se había casado con una princesa. Era yerno del rey y un héroe célebre que había matado a mano a Goliat y a cientos de filisteos. Pero también le habían hecho algunas advertencias. Saúl había intentado inmovilizarlo clavándolo a una pared con una jabalina. Esta fue la señal más segura que tuvo David de que su vida estaba a punto de cambiar.

Cuando Saúl intentó asesinar a su yerno, David corrió inmediatamente a los brazos de Mical, su esposa. Ese fue un momento crítico para Mical. Ella había sido una espía que ni siquiera sabía que lo era. Era la hija malcriada y peligrosa del único rey en la historia de Israel en ese momento. Desde que conoció a David, había habido una lealtad dividida en su corazón. ¿Seguiría siendo la princesa de su papá o se convertiría en la esposa de su esposo? Inicialmente, tomó la decisión correcta de apoyar a su hombre.

«¡Tenemos que sacarte de aquí!», le dice a su asesino de gigantes. «Si conozco a mi padre como creo que lo conozco, puedo asegurar que en estos momentos está reuniendo a sus hombres y enviándolos aquí para matarte». Así que ayuda a su marido a salir por una ventana y hace un muñeco con un ídolo envuelto en un poco de pelo de cabra para engañar a los asesinos enviados por su progenitor.

Cuando se descubre su engaño y su padre —el rey— exige una explicación, se le da la oportunidad de asumir la posición de esposa de David. Ella podría haber dicho: «¿Por qué estás tratando de matarlo? Él no te ha hecho nada, excepto ganar tus batallas, matar a tus gigantes y cantarte para dormir. Ha sido más que un marido justo para mí, tu hija, y lo amo mucho». Sin embargo, sigue comportándose como la princesita de papá y alimenta aún más la ira de su tirano padre. «Tenía que hacerlo», le dice con lágrimas de cocodrilo rodando por sus patéticos ojos pardos. «Me amenazó con matarme si no lo ayudaba».

Mical desaparece de la historia de David durante muchos años. Más tarde —mucho más tarde—, al vivir en Jerusalén con su esposo —el rey David—, solo se la conoce como la hija de Saúl, nunca como la esposa de David. Nunca más pudo liberarse del todo de su padre, incluso cuando estaba tratando de asesinar a su esposo.

La maltrecha fuga de los asesinos de Saúl dejó a David con pocas opciones. De modo que decidió esconderse con el mismo hombre que lo lanzó a esa travesía. Ese hombre es Samuel, que puso fin a la infancia de David cuando entró en la casa de Isaí y le echó aceite en la cabeza.

El profeta Samuel vivía en Ramá, al noroeste de Guibeá. Cuando David encontró a Samuel y le contó toda la complicada historia de su vida desde la ceremonia de la unción, Samuel protegió a David en su propia escuela de profetas, un lugar misterioso llamado Nayot. Ambos sabían que Saúl tenía espías por todo el país y que pronto encontraría a David en Ramá, pero el profeta creía que David estaría a salvo en Nayot.

El servicio secreto de inteligencia de Saúl se enteró de la huida de David a Ramá, por lo que el rey envió tropas para capturarlo. Cuando llegaron a Ramá, encontraron a David y a Samuel en Nayot en plena adoración. Irrumpieron en el lugar, sacaron sus espadas, se dirigieron por el pasillo hacia David y... ¡comenzaron a profetizar! ¡Sí, los perseguidores de David empezaron a profetizar!

David, que intentaba escapar, se detuvo en seco cuando escuchó el ruido de espadas que caían al suelo y los soldados exclamando en voz alta: «Alabado sea Yahvé, dador de toda vida. ¡Te rogamos que derrames tus bendiciones sobre el ungido, el rey David!».

Samuel y sus aprendices de profecía continuaron en oración y adoración. David regresó lenta y cautelosamente para sentarse junto a Samuel con el fin de escuchar a los soldados profetizar sobre él. Ahí recordó algo que su padre le dijo una vez, hacía mucho tiempo, el día que conoció a Samuel. «Si sigues matando leones y osos con tus propias manos, esto es lo que sucede».

Los soldados regresaron a donde Saúl y, con mucha vergüenza, informaron lo acontecido aquella extraña noche en Nayot. Ahora furioso, Saúl envió otro grupo de soldados para terminar lo que el escuadrón anterior no pudo hacer. Quería a David muerto y no estaba dispuesto a dejarlo escapar.

Sin embargo, sorprendentemente, ¡sucede lo mismo! Una vez más, los soldados dejaron caer sus espadas y comenzaron a profetizar sobre David. Claramente, esta fue una protección sobrenatural de la vida de David.

Después de un tercer episodio igual, Saúl se convenció de que él mismo debía ir a eliminar a David. Si quiere que maten a alguien, lo mejor es que lo haga usted mismo. Saúl sabía una cosa. Que él no profetizaría sobre David.

Cuando llegó Saúl, el Espíritu de Dios vino sobre él, de modo que se quitó la ropa y, además, se acostó en el suelo todo el día y toda la noche profetizando en presencia de David, Samuel y los demás.

La última vez que David había visto a su suegro, el rey había intentado clavarlo en la pared con una jabalina para inmovilizarlo. Ahora Saúl estaba desnudo en el suelo profetizándole a David el futuro que él mismo había esperado truncar con su espada. «David es el rey, el ungido de Dios...». ¿Qué debe haber estado pensando David? ¿Y en qué estaba pensando al día siguiente cuando, en vez de quedarse en el lugar donde experimentó aquella protección sobrenatural, huyó una vez más impulsado por el miedo y la confusión?

LECCIÓN DEL VIEJO DOCTOR MARK

Así como David, usted puede encontrarse en un lugar realmente malo sin que tenga la culpa de ello. Como nadie peca en el vacío, la destructividad de otra persona puede llevarle a un lugar horrible. El problema es que tratamos de solucionar ese tipo de situaciones por nuestro propio esfuerzo. Las armas de nuestra guerra no son naturales sino sobrenaturales. No seremos capaces de arreglar todas las situaciones en el poder de la carne. Confíe en Dios y quédese quieto.

David deja Ramá y va a Nob, donde encuentra al sacerdote Ajimélec. David está desesperado y los hombres desesperados hacen cosas desesperadas. Lo lamentable es que David siente que debe mentirle al sacerdote.

David se lleva un dedo a la boca para indicarle a Ajimélec que se quede callado.

—Está bien, amigo mío. No se alarme. Estoy en una misión supersecreta del rey. Era tan urgente para mí dejar la ciudad en esta misión que ni siquiera tuve tiempo de aprovisionarme de alimentos cuando salí. ¿Tiene por casualidad algunas hogazas de pan? Necesito continuar rápidamente con la misión supersecreta del rey.

—¿Unos panes? ¿Por qué tanto? —pregunta el sacerdote escéptico al supuesto agente secreto del rey.

Tras haber tenido tiempo para pensar en todos los escenarios de su engaño, David responde de inmediato:

—Ah, es que no es solo para mí. Ay, Dios mío... es que son tantas cosas. Esta misión no solo es supersecreta, también es realmente peligrosa. Tengo soldados escondidos en el bosque, esperando mi regreso. Y tienen mucha hambre. ¿Qué le parece? Entonces, ¿tiene algo qué darnos?

—El único pan que tengo aquí es el pan sagrado para el altar —responde el sacerdote.

—A Dios no le importará. Esto es para Israel y mis humildes y hambrientos soldados supersecretos... que están escondidos en el bosque.

Ajimélec observa a su alrededor, inseguro. ¿Cómo decirle que no al hombre que «mata a sus decenas de miles»? Es para el rey, ¿verdad?

—Seguro, seguro, supongo que puede aceptarlo. Dame un minuto para sacarlo del tabernáculo —y se fue a buscarlo.

Antes de que el sacerdote doblara por la esquina, David habla de nuevo.

—Mientras está en eso, ¿tiene algún arma por aquí que pueda usar? ¿Para mi misión de espionaje supersecreta para el rey?

—¿Armas? ¿Le estás pidiendo armas a un sacerdote? ¿Tú, un espía y soldado del rey?

—Como le dije, era bastante urgente. No tuve tiempo de agarrar comida ni armas, así que pensé en preguntar.

No obstante, Ajimélec le da una respuesta sorprendente a David.

—Sí, tenemos un arma. Es la espada de Goliat. La que quedó en el campo de batalla. Alguien la trajo aquí. Supongo que es tanto tuya como de cualquiera. ¿Satisfaría eso tu necesidad de un arma?

El agente secreto sonríe.

—Sí, la espada de hierro de Goliat y el pan de Dios estarán bien.

Una de las decisiones más inexplicables de David fue dejar a Nayot donde claramente tenía la protección sobrenatural de Dios y hacerlo en tal estado de pánico que olvidó las armas y la comida. Quizás fue simplemente eso: pánico. Dicho esto, sin embargo, la siguiente decisión de David es francamente desconcertante.

EL LOCO DE GAT

Con la espada de Goliat, nuestro sabio y perspicaz rey a la sombra se fue directo a Gat, la ciudad de Goliat y, lo que es más importante, al hogar de los hermanos de Goliat.

¿Qué estaba pensando? ¿Qué creyó que pasaría en Gat? Era el hombre más odiado y temido de Israel. Había matado al hijo favorito y más célebre de Gat, y le había cortado la cabeza. ¿Pensó que lo recibirían con un desfile con carrozas? ¿Quizás elegirlo alcalde? Tal vez asustado, pensó que no tenía opciones. Si Saúl lo atrapaba, seguro era hombre muerto. Quizás esperaba que los filisteos lo recibieran como un traidor hebreo. De hecho, eso sucedió más tarde en la vida de David. Cualquiera que sea el razonamiento de David, Gat fue una mala decisión. La peor decisión de David fue dejar Nayot. Su segunda peor decisión fue ir a Gat.

Por supuesto, los filisteos arrestaron inmediatamente a David y lo metieron a la cárcel. Se había escapado de Saúl solo para terminar en prisión en la misma ciudad que lo odiaba aún más que Saúl. De la sartén al fuego.

David sabía que ninguna caballería hebrea iba a venir a rescatarlo. Andaba por su cuenta. David se basaba en su creatividad, lo que sería una parte permanente de su equipo de liderazgo. Recordó que los filisteos, al igual que muchas culturas paganas, temían a los locos.

Aprovechando esa superstición, David fingió locura. Se revolcó por el suelo, arañó las puertas, comió tierra y echó espuma por la boca. Quizás fue el momento más humillante de la historia de David, pero le salvó la vida. David hizo bien el papel y Aquis, rey de Gat, no quería tener nada que ver con un lunático. «¡Sáquenlo de aquí! No lo queremos por aquí ni un minuto más». Así que sacaron a David de la ciudad como un perro apaleado, un perro rabioso.

Observe a nuestro futuro rey ahora, en este momento. Justo donde estaba la noche en que se escabulló por la ventana y huyó por su vida. Estaba solo, sin nada ni con nadie. Saúl ha destruido su reputación en Israel. David ha destruido su propia reputación en Gat, en más de un sentido. Le dijo una mentira ridícula a un sacerdote sobre una misión supersecreta para el rey. Se humilló a sí mismo fingiendo locura para escapar de un error tonto. Al huir de Saúl, David ha estado operando según sus propios planes, tomando decisiones por sí mismo.

Ahora solo, sin hogar y con las manos vacías, David huye al desierto de Judea. Allí encuentra una cueva en la cual esconderse y espera escuchar la voz de Dios.

Enfoque del líder: Deje que Dios lo encuentre donde usted esté.

¿Está empezando a ver al David «sin el trasfondo de la historieta»? ¿Está viendo al verdadero David ahora? No me malinterprete. Sigue siendo David el Grande, aunque a veces podría ser David el Dopado.

El chico que tenía una fe lo suficientemente fuerte como para matar leones, osos y gigantes se convirtió en un joven que a veces olvidaba dejar que Dios obrara y, en cambio, seguía adelante por su cuenta. ¿Dónde estaba su fe? ¿Dónde estaba su discernimiento, diciéndole que Dios lo estaba manteniendo a salvo en Nayot? ¿Estaba escuchando a Dios cuando pensó que necesitaba engañar a un anciano sacerdote por algo de comida? ¿Fingir locura y echar espuma por la boca era una instrucción divina en cuanto a cómo salir a salvo de Gat?

David había perdido el enfoque, se había olvidado de quién era y a quién servía. Solo, en la cueva de Adulán, se vio obligado a quedarse callado y esperar a que Dios le revelara los siguientes pasos.

Es probable que las decisiones de David nos sean más fáciles de entender que lo que queremos admitir. Constantemente nos golpea el seguir adelante y no rendirnos nunca. ¡Hacer, hacer, hacer! ¡Ir! ¡Ir! ¡Ir! Sin detenernos nunca.

Es cierto que muchas veces somos llamados a actuar.
Dios, a menudo, nos pide que vayamos a un nuevo lugar
en la vida o que construyamos algo nuevo. Sin embargo,
a veces Dios nos llama a detenernos, a presionar el
botón de pausa, a esperar su próxima instrucción, a
estar quietos. Si su viaje parece estar en un callejón sin
salida, haga una pausa. Espere. Si se encuentra en una
bifurcación de la carretera y no sabe qué camino tomar,
espere. Esperar es muy difícil, pero es muy importante.
Espere hasta que Dios venga a usted una vez más con su
siguiente palabra. No empiece a atravesar el bosque con
un machete. Espere a que Dios se encuentre con usted
donde esté y brille una luz en ese nuevo y perfecto camino.

ESCONDIDO EN UNA CUEVA

En la cueva, solo, David escribe lo que ahora conocemos como
el Salmo 142: «Cuando ya no me queda aliento, tú me mues-
tras el camino. Por la senda que transito algunos me han ten-
dido una trampa. Mira a mi derecha, y ve: nadie me tiende la
mano. No tengo dónde refugiarme; por mí nadie se preocupa.
A ti, SEÑOR, te pido ayuda; a ti te digo: "Tú eres mi refugio, mi
porción en la tierra de los vivientes"» (vv. 3-5).

Mientras David esperaba en aquel callejón sin salida del
desierto, Dios comenzó a moverse. En poco tiempo, el paria
que se metió solo en una cueva comenzó a tener compañía. La
noticia de su presencia llegó a las ciudades y la gente recordó al
futuro rey que supo comportarse frente al enemigo. Muchos se
decían a sí mismos: «Salgamos al desierto. Unámonos a David».

Algunos de los que acudieron eran forajidos. Otros, eran
algunos que no pudieron pagar sus impuestos. Algunos otros,
tenían algún tipo de rencor hacia Saúl. Por una razón u otra,

eran personas que pensaban que estar en el desierto con David era mejor que vivir sin él. Poco a poco, lo que se reunió alrededor de David se convirtió en un dedicado y temible ejército privado de seiscientos llamados *gibborim*: «los poderosos».[1]

David escuchó de Dios en el desierto. Se detuvo y dejó que Dios lo encontrara donde estaba. Se sometió a una vida dentro de una cueva en medio del desierto y Dios le dio un ejército. Estos poderosos guerreros estaban ferozmente dedicados a David. Habían dejado Israel. Su país ahora era David. No tenían otra nación que David y ningún rey más que David. Y David no tenía a nadie más que a ellos. Por otro lado, ellos y David, ahora, eran una fuerza imposible de menospreciar.

CAPÍTULO 5

DE LOCO A MERCENARIO

Basado en 1 Samuel 22—30

Por mucho que nos guste criticar a Saúl, que bien se lo merece, también debemos darle algún crédito. Cuando se convirtió en rey, no existía una nación de Israel bien organizada. No había palacio ni legislatura, ni tribunales, ni siquiera una fuerza militar, excepto una milicia de ciudadanos soldados. Saúl forjó un poderoso ejército que comenzó a cambiar el rumbo de la guerra contra los enemigos de Israel.

Parte de la razón de su éxito fue la forma en que Saúl estableció su ejército. Aunque Saúl era benjamita, no solo llenó su ejército con sus amigos de la infancia: los de la tribu de Benjamín. Al contrario, el final de 1 Samuel 14 nos dice que cada vez que Saúl veía a un hombre fuerte o valiente o un buen guerrero, lo incorporaba a su ejército (v. 52).

De hecho, Saúl hizo que su ejército fuera tan exitoso que surge una pregunta: dado que era un líder lo suficientemente dotado como para tener a los mejores soldados de todo el país luchando en su ejército, ¿cómo demonios fue vencido por un forajido del desierto con solo seiscientos hombres?

Eso fue porque David tenía los mejores forajidos. Los *gibborim* eran una tribu completamente nueva, la tribu de David. Eran forajidos, convictos y personas de toda clase que odiaban a Saúl.

Los guerreros de David cruzaron todas las líneas tribales. Había aseritas, danitas, judíos e incluso benjamitas, pero lo que los convertía en una sola tribu era la lealtad a David. Juntos, esos seiscientos guerreros se convirtieron en una unidad guerrillera de caballería ligera y altamente movible, bien entrenada y que era la unidad de combate más eficaz en el Néguev, la zona desértica del sur de Israel.

David les enseñó a luchar de manera ambidiestra. Eso convirtió a sus tropas en una leyenda en toda aquella tierra y en un cuerpo increíblemente difícil de derrotar. Herido en el brazo con el que blandía su espada, cualquiera de los hombres de David podía cambiar de mano y matar igual de bien que con el otro.

Los valientes de David no mataban a hebreos, pero causaban estragos entre los amalecitas. Pronto, los hombres de David se convirtieron en la fuerza militar dominante en las tierras del sur, mercenarios si se quiere, sin ley, sin nación y solo leales a una persona: David.

TRAICIÓN EN QUEILÁ

Este pequeño ejército pronto estableció una pequeña ciudad en el desierto con familias y ganado.

Eran la tribu de David y su número aumentaba a diario. Incluso tenían su propio sacerdote, un hombre llamado Abiatar. Fue el único superviviente de la incursión asesina de Saúl en Nob. Los hombres de Saúl mataron a ochenta y cinco sacerdotes en Nob, junto con sus esposas, hijos, bebés y ganado. Saúl mandó a aniquilar a toda criatura viviente, porque vio como un crimen el hecho de que Ajimélec le diera a David alimentos y la espada de Goliat. El único que sobrevivió fue Abiatar, el hijo de Ajimélec. Abiatar, como el resto de los refugiados, salió al desierto y se unió a David.

De esa forma se corrió la voz por todo el país de que David y sus guerrilleros pudieron ayudar a los hebreos necesitados. El primero en enviarle un mensaje a David sobre sus problemas fue el cercano pueblo de Queilá, que estaba sitiado por los amalecitas. Cuando David y sus fuerzas rescataron a Queilá, su leyenda volvió a crecer. Ahora no era simplemente un proscrito glorificado. Volvió a ser un héroe.

Libres de los amalecitas, Queilá y el ejército de David celebraron juntos, pero —en el fondo— los líderes de la ciudad tenían cierto miedo. «Teníamos al enemigo fuera de los muros», se dicen entre sí. «Ahora tenemos a David dentro de esos muros. Estos son hombres peligrosos».

«Hay algo más», dice alguien. «¿Escucharon lo que Saúl les hizo a esos sacerdotes en Nob después de que solo uno de ellos ayudó a David? Tenemos que adelantarnos a eso. No tenemos más remedio que decirle a Saúl que David está aquí».

Así fue como la ciudad de Queilá, tan maravillosamente rescatada por David, lo traicionó con rapidez. Enviaron un mensaje a Saúl, pero antes de que las tropas del rey llegaran a la ciudad, David y sus hombres pudieron escapar de regreso al desierto. David trasladó su base de operaciones a un oasis remoto llamado Ein Gedi (más conocido como Engadi), que significa «manantial del cabrito (cabra o íbice)».[1] Ein Gedi se encuentra en las colinas sobre un desierto rocoso cerca del Mar Muerto, el punto más bajo de la tierra. Esa zona es uno de los páramos más áridos del mundo.

Saúl, creyendo que tenía a David contra las cuerdas, hizo un esfuerzo total para encontrarlo y acabar con él. Primero de Samuel 24:2 dice que Saúl envió tres mil «hombres escogidos» de todo Israel para buscar a David. El ejército seleccionado por Saúl, el mejor de los mejores de todo Israel, ahora tiene un propósito: encontrar y matar a David y aplastar a los *gibborim*.

Es intrigante que Saúl haya invertido tantos recursos en el esfuerzo con el único objetivo de encontrar y capturar a David. Él no estaba en guerra con David ni David estaba en guerra con él. Sin embargo, Saúl estaba constantemente en guerra con las numerosas tribus paganas circundantes. Saúl, en forma necia, decidió retirar tropas de las guerras más urgentes, las guerras reales, para lograr su venganza personal contra David. Eso fue muy imprudente. Fue militarmente mortal y una evidencia de la inestabilidad emocional y la paranoia desesperada de Saúl.

LECCIÓN DEL VIEJO DOCTOR MARK

Si usted se deja distraer por cuestiones egoístas, puede perder el enfoque en su propósito y su destino. Saúl había triunfado ganando batallas contra los filisteos, los amalecitas, los amorreos y los hititas, haciendo que retrocedieran y perdieran terreno cada vez más, a la vez que extendía el territorio de su naciente nación. Sin embargo, por ego, orgullo y miedo a que David tomara su trono, redirige a sus tropas en una búsqueda inútil. No persiga enemigos que no andan tras usted. Permanezca enfocado en aquellos a quienes Dios le dirigió.

Una cueva, un rey y un manto

Con sus tres mil soldados, Saúl persiguió a David sin descanso. David, todavía haciendo todo lo posible para evitar pelear y matar tanto a su rey como a sus compañeros israelitas, se escondió en lo más profundo de una cueva. Resulta que Saúl acampó cerca de ese lugar pero, por más que intentó, no pudo encontrar a David. Así que, en cierto momento, Saúl entró en esa misma cueva a hacer sus necesidades.

«¡Aquí tiene su oportunidad, señor!», le susurra un soldado a David. «El Señor lo ha entregado directamente en sus manos. Termine ahora, aquí mismo en esta cueva, y el reino es suyo».

David sabía eso muy bien. Sin embargo, matar a Saúl iba en contra de todo lo que él creía. Dios había ungido a Saúl como rey, por lo que David decidió dejar que Dios lo quitara. Asesinar a Saúl no era lo que Dios quería, cosa que David sabía.

En una de las grandes escenas dramáticas de la Biblia, mientras Saúl hacía sus necesidades, David le corta un pedazo a la túnica exterior del rey. Cuando Saúl está a una distancia prudente de la cueva, David sale corriendo sosteniendo el trozo de la túnica entre sus manos y le dice: «¡Señor mío! Podría haberte matado en esa cueva. ¡Pero tú eres el rey ungido del Señor y nunca te haré daño!».

Al ver que lo que David dice es cierto, Saúl grita: «David, hijo mío, ¿eres realmente tú? Lo siento mucho. ¿Qué pasa conmigo? Por favor, perdóname, David». Con eso, Saúl lleva a su ejército de regreso a Guibeá.

Aquel debió haber sido el final de toda aquella persecución insensata. Después de eso, cualquier ser humano normal habría visto lo absurdo y pecaminoso que era volver a odiar o herir a David, pero Saúl no era normal. Saúl era un ser egoísta inestable, inmaduro y paranoico. Cuando Saúl recibió la noticia de que David y sus hombres estaban en el desierto de Zif, se olvidó de su arrepentimiento y de su promesa a David, tanto que lo persiguió una vez más.

En otra de las grandes escenas bíblicas, de la talla dramática de Shakespeare, David vuelve a comprobar su inocencia. Una noche, mientras Saúl y sus hombres duermen, David se infiltra en el campamento. Saúl y su principal general, Abner, yacen dentro de un anillo formado por soldados dormidos. David agarra silenciosamente la lanza y la botella de agua de Saúl, y regresa al lugar donde se esconden sus tropas.

«¡Abner!», grita David al general del rey. «Debería ser sometido a un consejo de guerra, tal vez hasta ejecutado. Debería avergonzarse de sí mismo por no proteger al rey como se le indicó».

Sosteniendo la botella de agua de Saúl y la lanza en alto, David grita: «Una vez más, podría haberte matado, pero no lo hice. Ríndete, mi señor. Deja de perseguirme. ¿Qué soy yo? Una pulga. Tú eres el rey. Ve a luchar contra tus verdaderos enemigos».

Al escuchar eso, Saúl da la misma y trillada respuesta. «David, hijo mío, ¿eres realmente tú? Ah, lo siento mucho. ¿Qué pasa conmigo? Por favor, perdóname, David».

Una vez más, Saúl y su ejército regresan a Guibeá, y una vez más David es David en su mejor momento, un guerrero atlético, un súbdito leal del rey y un hombre que temía a Dios más que a la muerte.

LECCIÓN DEL VIEJO DOCTOR MARK

Las personas impulsadas por el ego y las emociones son tan poco confiables en su arrepentimiento como en sus compromisos. Cuando alguien es impulsado por el ego, el orgullo y la emoción, y dice odiarle, odiarle, odiarle, pero luego dice que le ama, le ama, le ama, es alguien poco digno de fiar; no se deje engañar. No ponga su vida nunca en manos de tales personas.

DE REGRESO A GAT

Enfrentado por segunda vez a la inestabilidad de Saúl, David se dio cuenta de dos cosas. La ruptura con Saúl nunca se resolvería. También sabía que ya no podía vivir de cueva en cueva. Eso no lo estaba llevando a ninguna parte. Así que, curiosamente, decidió regresar a Gat. De nuevo. ¿Por qué a Gat? ¿Por qué volver a la ciudad natal de Goliat, donde todavía vivían los hermanos igualmente grandulones del gigante? ¿Por qué ir a donde David fingió locura para escapar de la prisión? ¿Por qué? Porque las cosas son diferentes.

Esta vez David entra en la ciudad con una temible fuerza militar. Esta vez David tiene una moneda de cambio. Esta vez, el rey filisteo —Aquis—, quiere usar a David, no matarlo. «Claro que puedes quedarte aquí en Gat, muchacho», dice el anciano rey. «¿Te sientes mejor desde la última vez que estuviste aquí? Verte así me rompió el corazón. Si necesitas refugio en mi reino, es tuyo. Ayudémonos unos a otros. Enterremos el hacha, fumemos la pipa de la paz. Tú sabes, dejemos el pasado atrás. Por cierto, ¿te gustaría asaltar algunos pueblos judíos en el sur de Judea? Podemos compartir el botín y todos prosperamos. ¿Qué te parece?».

El astuto Aquis estaba interesado en más que el botín. Pensó que, si podía hacer que David atacara las ciudades judías, nunca lo aceptarían como uno de los suyos.

Contratar a un mercenario mortal como David era una espada de dos filos. En una batalla, David podría decidir volverse contra los filisteos. Sin embargo, si las incursiones de David acababan con sus compañeros hebreos, nunca podría volver a casa. Contratar a David fue una cosa. Poseerlo era algo mejor.

Este capítulo de la vida de David, su época como mercenario, es el menos conocido y del que menos se habla. Esto se debe a que David, el mercenario, no encaja en la escena cristiana del siglo veintiuno en la que tanto queremos que se quede David. David vivió e hizo la guerra en una época violenta y barbárica. Fue una época fea. Su moral, sus costumbres, la manera en que entendía a Dios y la vida misma eran muy diferentes de las nuestras en el siglo veintiuno. David era lo que era. En ese período de su vida vendió su espada al mejor postor y esos fueron los filisteos, los enemigos más odiados de Israel.

Al mismo tiempo, David amaba verdaderamente a Israel. Amaba a su gente, sus raíces, su estirpe. ¿Cómo pudo hacer que eso funcionara? Si no mataba a Saúl, que estaba tratando de asesinarlo, ciertamente no iba a matar a judíos inocentes. Pero David y sus hombres cabalgaron hacia el norte, como esperaba Aquis que lo hiciera, luego se dirigieron en círculos hacia el sur a través del Néguev rumbo al territorio de Amalec. Entonces, asaltaron las ciudades de Amalec, llevaron el botín a Gat y le dijeron a Aquis que era de las ciudades judías.

El plan solo funcionaría si Aquis nunca se enteraba de la verdad. Eso significaba una cosa: nada de testigos. En esas feroces incursiones, David y sus hombres no dejaban a nadie con vida. Ni hombre, mujer ni niño. Mataban a todos los seres humanos y quemaban las ciudades hasta los cimientos. Ese era David el mercenario. Para entender a este personaje, debemos enfrentarnos a esta parte sangrienta de su vida. David era un guerrero, un espadachín en una época violenta de la historia. Ahora bien, David no solo era un mercenario, sino que también era un doble agente.

David y su caballería se convirtieron en los asaltantes más productivos que tuvo Aquis. Aquis está seguro ahora. David nunca podría dejarlo. Los granjeros judíos del sur, que estaban constantemente bajo el asedio de los amalecitas, amaban a David aún más por acabar con esos terribles invasores paganos. David era ahora el líder militar más famoso de Judea, amado tanto por los judíos como por los filisteos. Pero no tanto por los amalecitas.

De modo que Aquis recompensó a David dándole la ciudad de Siclag. Ese fue un gran punto de inflexión para David, sus hombres y sus familias. Ahora tenían un hogar, un lugar que era suyo, un lugar propio. Aunque estuvieron en un desierto y hasta en una ciudad real, ahora los hombres de David aterrizaban agradecidos en Siclag.

Para su joven jefe guerrero debe haber sido como si al fin hubiera alcanzado su destino. Samuel dijo que sería rey y ahora está, si no en Israel, al menos en Siclag. Por primera vez en mucho tiempo, David se sintió tranquilo.

Enfoque del líder: Antes de que le llegue lo mejor de Dios, puede presentarse un sustituto parecido. Tenga cuidado.

No será nada malo. Simplemente no será lo mejor de Dios. Es muy tentador conformarse, aceptar lo segundo mejor y engañarnos a nosotros mismos haciéndonos creer que el destino de Dios finalmente ha llegado a nosotros. Razonamos así: Esto no fue exactamente lo que pensé que Dios me dijo, ¡pero está bastante cerca! Después de todos estos años de espera, podría acostumbrarme a esto. Me conformaré con ello.

El problema de conformarse con lo bastante bueno es que eso puede hacer que perdamos la maravillosa y óptima bendición que Dios tiene para nosotros. Si nos conformamos con casi obtenerlo, nunca llegaremos a conseguirlo.

En realidad, ¿había comenzado David a creer que la unción de Samuel significaba que Dios quería que él fuera rey de algún pueblo filisteo llamado Siclag? ¿En verdad? ¿Siclag?

Quizás pero, si así fuera, Dios estaba a punto de dejar muy claro que Siclag no era su plan definitivo para David. Un año y medio después de que el ejército de David se mudara a la ciudad, mientras él y sus hombres estaban en otra incursión asesina de Aquis, los asaltantes amalecitas atacaron Siclag, incendiaron la ciudad y se llevaron a todas las mujeres y los niños para tenerlos como esclavos. Siclag desapareció.

El problema con los líderes piratas es que son piratas. El mayor peligro para el capitán de un barco pirata es su propia tripulación. Se podría decir que David era un capitán pirata y Siclag era su barco.

Cuando David y sus hombres regresaron de la incursión y encontraron a Siclag en cenizas y a sus familiares secuestrados, la tripulación se volvió contra David. David lo era todo para ellos: nación, tribu, líder y ley. Cuando pensaron que les había fallado, se alistaron para matarlo. Él era lo único que tenían y, por lo tanto, era el único a quien culpar. En cualquier crisis, la gente busca a quién culpar. Cuando los piratas culpan al capitán, el capitán está en problemas.

La Biblia solo da la siguiente visión críptica de la respuesta de David cuando sus propios hombres lo iban a apedrear hasta que muriera: «Pero cobró ánimo y puso su confianza en el SEÑOR su Dios» (1 Samuel 30:6).

No sabemos exactamente cómo. ¿Oró? ¿Se recordó a sí mismo todas las veces que Dios lo había protegido en el pasado? Probablemente hizo estas y otras cosas. Sin embargo, se animó a sí mismo en el Señor, lo que le funcionó.

Como el gran líder que era, les dijo a sus hombres: «Podemos quedarnos aquí llorando. Ese es un plan. Pueden matarme. Esa es otra salida. No es buena, pero es un plan. O pueden seguir mi plan. Mi plan es secar sus ojos, bloquear, cargar y montar. Mi plan es encontrar a los asaltantes que hicieron esto, rastrearlos, matarlos a todos y recuperar a nuestras esposas. Luego reconstruiremos esta ciudad. ¿A cuántos les gusta ese plan?».

Por supuesto que encontraron a los amalecitas. Unos asaltantes que arrastraban a un grupo grande de rehenes dejaría un rastro que cualquier citadino podría seguir, pero los hombres de David no eran citadinos. Eran guerreros del desierto experimentados, curtidos en la batalla, expertos en venganzas sangrientas.

Cabalgaron con tanta fuerza que algunos de los hombres estaban demasiado agotados para luchar. Por eso, David los dejó para que cuidaran el equipaje y los caballos. Después del anochecer, llegaron al campamento amalecita. La matanza fue completa, el rescate fue total y el estatus heroico de David con sus hombres mejoró.

Cuando regresaron al lugar donde estaban los que dejó cuidando el equipaje, los hombres que lucharon no querían que los que se quedaban ahí participaran del botín, pero David se puso firme. A partir de ese momento, David convirtió eso en una regla: los que resguardan el equipaje obtienen la misma parte que los que luchan.

¿Qué hacemos con todo esto?

1. Cuando aparece el desánimo y comienza el juego de la culpa, los verdaderos líderes encuentran valor en Dios.
2. Ante una crisis, haga un plan de acción con calma y responda en consecuencia. Haga un plan y sígalo.
3. En la victoria, sea amable y generoso.
4. No se quede atrapado en un «Siclag», pensando que es lo mejor que Dios tiene para usted. Cuando se conforma con una distracción miope, Dios puede permitir que los amalecitas la borren del mapa en un abrir y cerrar de ojos.

Tenga cuidado con el sustituto parecido y no olvide ese llamado de Dios a su vida que alguna vez fue tan claro. Dígale a Dios: «Estoy en Siclag en este momento, Señor, porque aquí es donde me has puesto, pero mis manos están abiertas. No me apoderaré de este momento ni gritaré: ¡Mío, mío, mío! Es todo tuyo. Haz con él y conmigo lo que quieras».

CAPÍTULO 6

CÓMO APRENDER DE LOS IDIOTAS

Basado en 1 Samuel 29—2 Samuel 5

AY MUCHO QUE aprender de David. Las lecciones para la vida y el liderazgo yacen en cada página de su historia. Algunas de esas lecciones tratan sobre qué hacer, otras sobre qué no hacer. Una vida tan compleja como la de David también está llena de lecciones de la gente que le rodea.

Hay grandes cosas que aprender de grandes personas. También hay lecciones importantes que aprender de los idiotas. Mejor, mucho mejor, es aprender de uno de ellos que ser uno de ellos y ganar la recompensa de los idiotas.

EL PRIMER IDIOTA: EL MERCENARIO AMALECITA

En las laderas del monte Gilboa, los filisteos atacaron a Saúl y al ejército israelita. David había enriquecido en gran manera al rey filisteo Aquis con el botín amalecita. El rey quería que lo acompañara en la batalla con Saúl. David, sin embargo, había hecho un voto de no levantar su espada contra sus compañeros judíos. La tensión era terrible, pero el problema se resolvió sin que David tuviera que hacer nada. Los generales filisteos le suplicaron a Aquis que dejara a David en Siclag. No confiaban en él porque creían que se volvería contra ellos en la batalla. Aquis cedió y David se libró de tener que luchar contra su propio pueblo.

Los filisteos atacaron a Saúl con todo lo que tenían y la batalla le salió mal al ejército israelita. Jonatán murió, Saúl resultó gravemente herido y era obvio que la batalla estaba perdida. En vez de dejarse capturar y torturar hasta la muerte, Saúl cayó sobre su propia espada. Un mercenario amalecita pensó que sabía cómo aprovechar la muerte de Saúl para su beneficio.

Ese soldado amalecita encuentra a David en Siclag y le dice:

—¡Saúl ha muerto! ¡Saúl está muerto!

David le pregunta:

—¿Cómo lo sabes? ¿Qué pasó?

El amalecita le responde con orgullo:

—Apenas escapé con vida después de que los filisteos nos atacaron en Gilboa. Todos están muertos o han huido. A Saúl y Jonatán no se les perdonó la vida, señor.

Cayendo de rodillas desesperado, David exige que el soldado le diga cómo supo eso.

Entre todos los errores que hizo en su vida, el amalecita cometió el que tiene que haber sido el más estúpido jamás contado a un guerrero —como David— que ha matado con sus propias manos a cientos de personas.

—Yo mismo maté a Saúl. Lo vi herido en el campo de batalla y lo maté.

David quiere estar seguro de lo que acaba de escuchar, por lo que le pregunta detenidamente:

—¿Mataste al rey? ¿Es eso lo que estás diciendo?

Con la barbilla erguida, el amalecita le respondió:

—Seguro que sí. Sé que usted lo odiaba y que le hizo la vida miserable durante todos esos años en el desierto. Así que lo maté por usted, Su Majestad.

—¿Lo mataste con tu propia mano?

—Sí, señor, con esta misma espada.

David mira a uno de sus leales soldados que lo acompaña y le dice:

—Mata a este idiota.

Mientras el amalecita cae de rodillas con la espada atravesándole el pecho, David le da las últimas palabras que oye.

—Si perdoné a Saúl todos esos años cuando estaba tratando de matarme, ¿qué te hace pensar que querría que lo mataras? Es contra la voluntad de Dios matar al rey ungido.

LECCIÓN DEL VIEJO DOCTOR MARK

Uno no puede ganarse el favor de una persona íntegra si logra lo que cree que quiere de una manera inmoral, ilegal o poco ética.

Mientras David lamentaba la muerte de su rey y de su mejor amigo, Jonatán, Israel comenzaba a desmoronarse. La tribu de Judá, la tribu de David, fue la que primero se retiró. «Tenemos que salir de esto. Israel es una causa perdida. Es hora de que Judá se quede sola», razonaron los ancianos de Judá.

Así que tomaron una decisión obvia y se dirigieron a Siclag con el fin de apelar a David para que fuera a Hebrón y se convirtiera en su rey. David era el líder militar y político más consumado de Judá, y tenía un ejército formidable. Así que aceptó, por lo que él y sus seiscientos hombres evacuaron Siclag. Mientras los filisteos aún estaban celebrando su reciente victoria, David y sus hombres se dirigieron por las colinas de Judea hacia Hebrón, la capital de Judá.

Por primera vez desde su unción en Belén, David pudo agregar oficialmente la palabra «Rey» a su título. Ya no era un pastor. Ya no era un forajido escondido en una cueva ni un mercenario que trabajaba para el enemigo. Al fin era un rey judío de su propia tribu.

EL SEGUNDO IDIOTA: ASAEL

Judá tenía su rey e Israel pronto tendría el suyo. El general de alto rango del ejército de Saúl era un soldado formidable llamado Abner. A la muerte de Saúl, Abner nombró al hijo de Saúl, Isboset, nuevo rey de Israel. El control de Abner sobre lo que quedaba del ejército de Saúl fue suficiente para garantizar que no se presentaran objeciones. Pocos se atrevían a discutir con Abner sobre cualquier asunto.

En una escaramuza entre algunos de los hombres de Abner y los de Joab, el principal general de David, el hermano menor de Joab decidió desafiar al propio Abner. Joab era un guerrero feroz y temido, pero su hermano menor Asael era un peso ligero. No era rival para Abner, lo que debió haber sabido. Asael persiguió a Abner, decidido a hacerlo luchar. Abner le instó a que se devolviera, pero Asael era un idiota.

No iba a renunciar. Pensando que tenía al hombre mayor acorralado, cargó contra él tan rápido como pudo. Abner, decidiendo que no tenía otra opción, giró su lanza para sacar el extremo romo. El descontrolado Asael corrió directamente hacia la parte posterior de la lanza, obligándola a atravesar sus costillas y salir por su espalda. Abner, que sabía que Asael era hermano de Joab, quería poder decir más adelante que no mató al chico intencionalmente. Por supuesto, una distinción tan sutil sería en vano para Joab.

LECCIÓN DEL VIEJO DOCTOR MARK

Tenga una visión modesta y razonable de sus propias habilidades y experiencias. Tener un gran sueño no le da licencia para extralimitarse con arrogancia. No muerda más de lo que pueda masticar.

EL TERCER IDIOTA: EL REY ISBOSET

Si Asael era un tonto, y lo era, el joven rey de Israel —Isboset— era un idiota de primera clase. Era el enclenque gobernante de una nación debilitada por la guerra y que acababa de perder una de sus tribus.

Lo mejor que Isboset tenía a su favor era que todavía contaba con Abner, el principal general de Saúl; al que tenía a su lado, aconsejándolo en la marcha. ¿Qué podía haber pasado por la mente de Isboset el día que decidió acusar a Abner de acostarse con la concubina de su padre, Rizpa?

Aunque la concubina de un hombre no era exactamente igual que su esposa, tampoco era una prostituta. Era aceptada en la familia, en el hogar. La concubina de un rey vivía en el mismo recinto con su esposa o esposas. Acusar falsamente a alguien de acostarse con la concubina de otro hombre era un asunto serio, y Abner era un hombre serio.

No es de extrañar que el general se enfureciera con la sorprendente acusación del nuevo rey. «¡Debes estar loco! Nunca he tocado a la concubina de tu padre. Después de todo lo que he hecho por ti y tu familia, ¿así es como me tratas?».

Ofendido y enfurecido, Abner va directamente a Hebrón y le dice a David: «He instalado a un idiota como rey. Estoy listo para servirte, si me quieres».

Por supuesto, David recibió con gusto a uno de los guerreros judíos más respetados de Israel.

LECCIÓN DEL VIEJO DOCTOR MARK

No ofenda a nadie sin necesidad. No haga acusaciones falsas. Pero, sobre todo, no ofenda ni acuse a los aliados necesarios.

EL CUARTO IDIOTA:
ABNER

Abner era un hombre de guerra formidable. Su talón de Aquiles era la ingenuidad, una candidez asombrosa que lo hacía actuar como un idiota. Consciente de que Joab quería vengarse, David envió a Abner a Hebrón, una de las ciudades de refugio judías. Según la ley judía, mientras un hombre permanezca dentro de los límites de una ciudad de refugio, está a salvo de cualquiera que pueda tener un agravio contra él. Así que mientras Abner se quedara en Hebrón, Joab no podía tocarlo.

Cuando Joab regresó a casa de una incursión y se enteró de lo que había hecho David, se enfureció. «¿En verdad le diste la bienvenida a Abner? ¿Hiciste eso? No puedo creerlo. Pasó años detrás de ti. Hizo que ese idiota Isboset fuera el nuevo rey en lugar tuyo y, lo peor de todo, ¡mató a mi hermano menor!», protestó Joab.

«Es un gran guerrero, Joab», responde David, «una gran ventaja en estos tiempos. Déjalo así. Olvida eso. Tu hermano fue una víctima de la guerra, nada más. Abner se siente mal por cómo se desarrolló todo. No quería matar a ese chico. Tu hermano era un exaltado y lo sabes. Envié a Abner a Hebrón para buscar refugio. Déjalo en paz».

Joab partió inmediatamente hacia Hebrón. Ya a las puertas de la ciudad, llamó a Abner para que saliera a su encuentro. Todo lo que Abner tenía que hacer era quedarse donde estaba. Como un necio, cuando Joab lo llamó, Abner cruzó los límites de la ciudad. Al hacerlo, Joab clavó una daga en las costillas de Abner, exactamente donde la lanza de este atravesó al hermano pequeño de Joab. En ese mundo peligroso, confiar en el hombre equivocado podría significar la muerte de un idiota.

LECCIÓN DEL VIEJO DOCTOR MARK

Lo opuesto a una ingenuidad peligrosa no es un cinismo amargo y enojado. Es sabiduría y precaución. Lea los contratos. Mire la letra pequeña con detenimiento. No confíe fácilmente. No imponga las manos sobre ninguna persona sin conocerla.

EL QUINTO Y EL SEXTO IDIOTA: RECAB Y BANÁ

Con la deserción y muerte de Abner, Isboset era ahora tan vulnerable como podría serlo un rey. Dos hermanos, capitanes de las incursiones de Isboset, Recab y Baná, conspiraron para asesinar a su rey mientras dormía y le cortaron la cabeza. Los dos estaban seguros de que eso los pondría bien con David. ¡Idiotas!

Cuando entraron a Hebrón con la cabeza de Isboset en una bolsa, supieron que David les daría la bienvenida.

—¿Ustedes hicieron esto? ¿Mataron al rey Isboset? —les preguntó.

—Sí. Lo hicimos por ti —afirma Recab—, lo matamos mientras dormía.

David mira a un soldado cercano y le ordena.

—Mata a estos hombres.

LECCIÓN DEL VIEJO DOCTOR MARK

Aprenda de los errores de los demás. No los repita.

AL FIN, REY

Saúl y Jonatán estaban muertos. También Abner e Isboset. Israel necesitaba un rey y los ancianos de las tribus del norte sabían que solo había una opción y una sola cosa por hacer. Se humillaron y fueron a Hebrón para suplicarle a David que reunificara a la nación y se convirtiera en rey, no solo de Judá, sino de todo Israel.

«Tú eres el rey. Has sido el rey desde que eras un niño, pero pensamos que teníamos que ser leales a Saúl. Ahora lo sabemos. Tú eres nuestro rey».

A la edad de treinta y siete años, más de veinte años después de que Samuel lo ungió en Belén, David asumió el trono de Israel, el trono al que Dios lo había llamado.

Enfoque del líder: Hay tres cosas que recordar entre el anuncio de su destino y el destino en sí mismo.

Desde el anuncio de su destino hasta cualquier cosa que parezca incluso las primeras etapas de su cumplimiento, usted puede pasar por guerras, reveses y cuevas solitarias. Pasará por temporadas en las que parezca que su destino se aleja más, no se acerca. Durante esos tiempos, recuerde tres cosas.

Primero, haga hoy lo que tenga que hacer para tener éxito en este momento. Dondequiera que Dios le tenga en este momento, le tiene allí con un propósito. Aproveche cada oportunidad que tenga para hacerlo bien hoy. Triunfe donde Dios le tenga, no importa cuán lejos de su destino crea que está.

Segundo, trate de no cometer errores que perjudiquen su futuro. David claramente cometió los suyos, pero siempre confió en el tiempo de Dios y se negó a intentar forzar la mano de Dios.

Tercero, mantenga su corazón fijo en lo que Dios es. En las complicaciones y los valles, manténgase enfocado con Dios en el centro de su vida. Sea una persona conforme al corazón de Dios.

La travesía de David al trono de Israel comenzó cuando un famoso profeta lo ungió con aceite. Entre esa noche y el trono, pasó días solitarios pastoreando ovejas, años solitarios en una cueva y décadas solitarias en el exilio. Difícilmente se siente eso como el camino correcto hacia un reino. No hay razón para creer que su camino hacia su destino sea mejor. Haga lo que hizo David: refugiarse en Dios y en su plan soberano. Espere, insisto, espere en el Señor.

SEGUNDA PARTE

TARDE

AHORA DAVID ES rey. La pregunta es: ¿sigue siendo un hombre conforme al corazón de Dios? De acuerdo a sus pecados y errores, ¿sigue siendo alguien a quien debemos tomar en serio como hombre con un propósito divino?

La respuesta es sí. David tomó algunas decisiones muy destructivas. Pero también era el salmista que no temía ningún mal porque conocía la presencia de Dios. Incluso en sus momentos más oscuros, algo de imitar en David fue que nunca dejó a Dios y Dios nunca dejó a David.

No confíe en las lecciones de liderazgo de un tipo que dice no haber cometido ningún error. Al contrario, confíe en uno que no sea perfecto, que admite lo que es y que encuentra la gracia de Dios para seguir adelante. Ese es David. Pecó. Se arrepintió y su arrepentimiento estuvo lejos de ser secreto.

Capítulo 7

ESPOSAS, VIDAS Y DAÑOS COLATERALES

Basado en 1 Samuel 25; 2 Samuel 3, 6

E N EL LAPSO de los años posteriores al momento en que Mical, la primera esposa de David, lo ayudó a escapar por la ventana de su casa en Guibeá y mientras fungió como rey de Judá, David se casó con seis mujeres más y tuvo al menos seis hijos con ellas.

Como he dicho, para comprender verdaderamente a este guerrero, poeta, rey y cacique de la Edad de Bronce, debemos verlo como parte de la época en la que vivió. Los matrimonios eran diferentes en aquellos días. En verdad, la gente se enamoraba. En 1 Samuel 18, Mical le dijo a su padre —el rey Saúl— que amaba a David. Sin embargo, en lo que respecta al matrimonio, el dinero, el prestigio y la política suelen triunfar sobre el amor. A menudo, se daba a una niña en matrimonio porque el padre necesitaba los ingresos de la dote de la novia. Hoy, eso podría llamarse injusticia e incluso esclavitud. En aquel momento, era un buen negocio o una política inteligente.

En 2 Samuel 3 hay una lista de las esposas de David, sin incluir a Mical: Ajinoán de Jezrel; Abigaíl, viuda de Nabal; Macá, hija del rey de Guesur; Jaguit; Abital; y Eglá. Al menos uno de los matrimonios de David, el de Macá, la hija de un rey, fue pura política. Sin duda, al principio, esa novia le costó a David un alto precio, pero terminó pagando aún más cuando el hijo que tuvieron juntos, Absalón, se convirtió en enemigo de David.

Abigaíl, la viuda de Nabal, no era viuda de Nabal cuando David la conoció por primera vez. Más bien, fue ella quien intercedió para salvar la vida de su tonto esposo de la venganza de David.

ABIGAÍL

En los días en que David y sus *gibborim* vivían en el desierto eran, en parte, mercenarios que protegían a los agricultores hebreos de la región. Al enterarse de que había una gran granja en Carmel con tres mil ovejas, David envió a algunos de sus hombres para recordarle al granjero rico todas las formas en que él lo había protegido. Así que solicitaron y esperaban gratitud mediante una donación por sus servicios.

El nombre del granjero rico puede ser una pista de por qué las cosas se derrumbaron como lo hicieron. Nabal significa «necio» en hebreo.[1] Este necio tuvo el descaro de decirle al equipo de soldados y forajidos de David —hombres peligrosos que literalmente tenían manchas de sangre amalecita en sus espadas—: «¡Nunca pedí la protección de David! No necesito que un forajido me vigile. ¡Dile que se muera! ¡No te pagaré nada!».

David no había matado a un compañero hebreo en su vida, pero Nabal cambió la ecuación. Al escuchar la respuesta de Nabal a la solicitud de David, el jefe guerrero dijo: «¡Hombres, monten! Estamos a punto de hacer famoso a un tonto».

Cuando David se acercó furioso a la granja de Nabal, fue recibido por una mujer atractiva que había traído trigo y avena para los caballos, así como pan, vino y queso para David y sus hombres.

—¿De qué se trata todo esto? —le preguntó David.

—Esto es para usted, mi señor, todo. Yo soy Abigaíl. Soy su sierva, pero tengo la terrible desgracia de estar casada con ese tonto borracho de Nabal. Cuando me enteré de lo que hizo y de cómo trató a sus hombres, supe que usted iba a venir aquí personalmente a matarnos a todos. Le ruego, señor, que acepte estos regalos en su lugar y deje a Nabal y al resto de nosotros tranquilos.

—¿Por qué no debería matar a Nabal? —le responde David—. Me insultó y le faltó el respeto a todo lo que mis hombres y yo hemos hecho para ayudar a proteger su riqueza.

La sabia y compasiva esposa responde:

—Sé que usted le perdonó la vida a Saúl en aquella cueva. También sé que ha estado protegiendo a los granjeros hebreos como nosotros, atacando y matando a los amalecitas que nos acosan. Más importante que eso, sé que Dios lo ha llamado y algún día será rey de Israel. Cuando tome el trono que es legítimamente suyo, no quiero que entre en su reinado con la sangre de este tonto en sus manos. Así como deja que Dios se ocupe de Saúl, le ruego que deje que Dios se ocupe de Nabal.

La mujer había hablado con tanta sabiduría que David se fijó en ella. David y sus hombres aceptaron sus generosos obsequios y se fueron. Al día siguiente, Abigaíl le contó a su marido, aún embriagado, acerca de su encuentro con el hombre al que había amenazado. Nabal instantáneamente sufrió un derrame cerebral y cayó en coma. Murió diez días después. Al enterarse de la noticia de la muerte del hombre, David llamó inmediatamente a Abigaíl y le pidió que fuera su esposa. Cuando David llevó a Abigaíl a casa, ella tuvo que compartirlo con otra esposa, Ajinoán. La poligamia es un incómodo dilema para quienes viven en el occidente del siglo veintiuno, pero era una forma de vida aceptada en la época de David.

MICAL

Mical fue una historia diferente. David no la había visto por años, desde la noche en que ella hizo un muñeco para que pudiera escapar de las tropas de su padre. En esa ocasión culpó directamente a su esposo y le dijo a su padre que David la había amenazado si no lo ayudaba a escapar. Saúl, enfurecido y ansioso por humillar a David, entregó a Mical a un hombre de Galín llamado Paltiel. Fue un matrimonio ilegal ya que Mical no era viuda ni divorciada, pero cuando el rey dice: «Ahora le perteneces a este hombre», no hay nada que hacer. Curiosamente, después de diez años de matrimonio, Paltiel y Mical se habían enamorado y habían forjado una vida feliz en Galín. Paltiel, que estaba profundamente enamorado de Mical, era un patético actor secundario en la gran vida de David. Un proverbio africano dice: «Cuando dos elefantes pelean, la hierba es la que más sufre».[2]

David y Saúl eran los elefantes y el pobre Paltiel la hierba.

Aunque el recién coronado rey de Judá ya tenía dos esposas, incluida la sabia y leal Abigaíl, no podía dejar a su primera —y ahora separada— esposa en la casa de otro hombre. David también sabía que ese falso esposo podría reclamar el trono de Israel. David sabía que el incompetente Isboset era el ocupante temporal del trono de Saúl en Guibeá. Cuando Isboset se fuera, y eso era inevitable, las tribus del norte necesitarían un nuevo rey. David no podía correr el riesgo de que acudieran al yerno de Saúl.

Cuando Abner, la mano derecha de Saúl, dejó a Isboset para unir fuerzas con David, el rey de Judá le dijo: «Ahora ve y tráeme a Mical».

Abner llega a Galín, encuentra a Mical con su esposo Paltiel y le dice:

—Estoy aquí para llevarte de regreso con tu esposo.

Mical reconoce a Abner por sus años de servicio a su padre y sabe que no es un hombre con el que se pueda argumentar. Sin embargo, se arma de valor suficiente para hacerse la tonta.

—Este es Paltiel. Él es mi marido ahora —le dice a Abner.

—Este hombre no es nada —responde Abner—. Te llevaré con David, rey de Judá.

—¿David? Hace años que se fue. Apenas recuerdo a ese hombre. ¡Ya no es mi marido!

Abner la mira a los ojos y dice detenidamente:

—Tu esposo es David y esto no es un debate.

Así que agarra a Mical y la sube a su caballo.

Paltiel, atónito y desconsolado, los sigue, llorando y llamando a su esposa.

—¡Por favor, no se lleve a mi esposa! Por favor. No tengo mucho, pero le daré todo lo que pueda. ¡Por favor, deje a mi esposa!

Abner se detiene y espera a que Paltiel, que lo persigue, se acerque lo suficiente para escucharlo con claridad. Cuando el esposo de Mical los alcanza, Abner saca su espada y le dice:

—Ella pertenece a David. Siempre ha sido de él. Ahora, regresa a tu casa o te mataré.

Con eso, Mical es arrancada de la casa que construyó con su esposo Paltiel y regresa con un hombre al que no había visto en más de diez años. No hay constancia de que Paltiel se recuperara alguna vez de ese lamentable momento. Sin embargo, los acontecimientos posteriores dejan en claro que Mical nunca lo hizo.

CAPÍTULO 8

EL TRIPLE LÍDER DE ISRAEL

Basado en 2 Samuel 5—6

A MENOS DE VEINTE kilómetros de la aldea de Belén de David, se encontraba la inquebrantable fortaleza de Jebús. Elevándose sobre el valle de Cedrón, esa fortaleza de los jebuseos era tan atrincherada que sus habitantes tenían un dicho: «Podemos defender nuestra ciudad con nuestros ciegos y nuestros cojos». David nunca se olvidó de Belén ni tampoco de Jebús. Él sabía que ella lo estaba esperando.

Y al fin, sucedió. La profecía de Samuel se cumplió y David era rey sobre todo Israel. Dios había gobernado los asuntos de los hombres. Como ocurre con todos los grandes líderes, las primeras decisiones son las más importantes. Señalan todo lo que está por venir. Las primeras decisiones reales de David fueron muy sabias para su edad.

LÍDER POLÍTICO

Saúl, que era de la tribu de Benjamín, había establecido su capital en Benjamín de Guibeá. Ahora que David era rey, estaba consciente de que, si continuaba gobernando desde Guibeá, declararía con ello que Benjamín seguía siendo el centro de Israel. Si permanecía en Hebrón, la capital de Judá, enviaría el mensaje al resto de la tierra de que Judá era ahora el centro de Israel. Sin embargo, ninguno de los dos lugares lo era.

Una nueva nación necesitaba una nueva capital, un lugar que no estuviera asociado con ninguna de las tribus. Pero, ¿dónde? ¿Qué lugar podría servir para tal propósito? ¿Dónde podría David establecer una nueva capital que dijera a todo el Medio Oriente: «Somos Israel y esta es nuestra capital para siempre»?

David sabía dónde tenía que estar la capital. Todo lo que tenía que hacer era capturar una ciudad que nunca había sido conquistada. El lugar elegido por Dios no podía ser distinto del que eligió David, y Jebús fue seleccionado por Dios, lo que David sabía muy bien.

Los jebuseos se burlaban de David y sus hombres desde lo alto de sus muros como lo hacían con todos los que intentaban traspasar sus muros: «Aquí no entrarás; para ponerte en retirada, nos bastan los ciegos y los cojos» (2 Samuel 5:6). David sabía que su ejército nunca podría traspasar aquellos muros. El camino a Jebús no iba a ser por las paredes sino por un túnel de agua. Joab y un pelotón de soldados subieron desde adentro y abrieron el camino para que entraran David y su ejército. Cuando terminó la breve y sangrienta batalla, Jebús era de David. Una nueva nación ahora tenía una nueva ciudad capital con un nuevo nombre: Jerusalén.

En su sabiduría, la primera decisión de David el Grande como rey fue un gran liderazgo. Dejó en claro que la antigua confederación tribal había desaparecido. En su lugar estaba Israel, una nación. Ninguna tribu podía afirmar que eran de mayor importancia que otra.

Alrededor de unos 2800 años después, Estados Unidos tomó el mismo tipo de decisión cuando estableció su capital en Washington, DC, en vez de en uno de los estados. Virginia donó un terreno, pero la capital no estaba en Virginia. Maryland cedió algunas tierras, pero la capital no estaba en Maryland. Ningún estado podría decir que era la capital del país. Había una nueva capital para una nueva nación.

LÍDER MILITAR

David sabía que establecer su capital dentro de una antigua fortaleza pagana en lugar de en una de las doce tribus de Israel era el movimiento político correcto para Israel. David también sabía que conquistar la «impenetrable» Jebús enviaría un mensaje a todo el Medio Oriente. Infundiría miedo a los corazones de los amorreos, hititas, amalecitas y, por supuesto, los filisteos. Ahora las naciones que los rodeaban lo sabían. Este no era Isboset. Era David y eso era diferente.

Sin embargo, los filisteos no se intimidaron fácilmente. En 2 Samuel 5:17 vemos que: «Al enterarse los filisteos de que David había sido ungido rey de Israel, subieron todos ellos contra él; pero David lo supo de antemano y bajó a la fortaleza». Querían derrotar a Israel como lo habían hecho antes y matar a David como habían asesinado a Saúl. Además, eso era algo personal. Los filisteos odiaban a David más que a cualquier hombre vivo.

Cuando era solo un adolescente, derribó a su máximo campeón con una piedra y un cabestrillo. Los engañó, no una sino dos veces. Primero escapó de una muerte segura fingiendo locura, sabiendo que eran supersticiosos con aquello de matar a los que sufrían trastornos mentales. Además, David engañó al rey Aquis al robar a los amalecitas en lugar de a los hebreos. Cuando se descubrió la artimaña, David había sido entronado como rey de Judá y, al fin, de todo Israel. Aquis estaba furioso. Su odio era incontenible. Estaba decidido a matar a David o morir en el intento.

LECCIÓN DEL VIEJO DOCTOR MARK

Satanás tiene un resentimiento personal contra usted. Le odia absolutamente porque sabe que usted es un hijo del Rey. Quiere el control de su destino y le golpeará con todo lo que tenga. No olvide quién es usted. Es un hijo de Dios y es ungido por el propio Rey.

Los filisteos subieron de Gat con un gran ejército y acamparon en el valle de Refayin. Extendieron sus fuerzas por todo el valle de Refayin. Había tantas tiendas filisteas que cubrían todo el terreno del valle.

Esta fue la primera gran prueba militar de David. Si fallaba, no tendría una segunda oportunidad. Eso era ganar o morir. Él lo sabía. Todo el ejército israelí lo sabía.

Los asesores de David se reunieron y, como hacen los generales, cada uno defendió sus planes. Sin embargo, es interesante que escuchar a Dios era más importante para David que todo lo que tenían que decir ellos. David escuchó a Dios y le obedeció. Dios le dijo a David: «Ataca directamente en medio de ese valle».

Era contradictorio, por decir algo, pero David hizo lo que Dios le dijo. La victoria de Israel fue absoluta. Derrotaron a los filisteos.

Aquis estaba indignado. En su odio por David, estaba decidido a atacar de nuevo. «Ahora sabemos lo que hará David. Regresemos y acampemos de nuevo en el valle. Esperaremos a que cargue contra nosotros por el medio, pero esta vez abriremos nuestras filas, dejaremos que se meta en el medio de nosotros y luego lo acorralaremos y lo mataremos».

Los filisteos desplegaron sus tiendas según lo planeado. Los generales de David, con su nueva confianza desde la última victoria, estaban ansiosos por atacar como antes.

«No», dijo David, «no así. No esta vez. Escuché a Dios y me dio nuevas órdenes. Una nueva batalla, nuevas órdenes».

LECCIÓN DEL VIEJO DOCTOR MARK

Usted no solo debe escuchar a Dios, debe escuchar siempre las ingeniosas variaciones que tiene para usted en su palabra. Solo porque la última vez hizo algo —bajo la dirección de Dios— en cierta manera, no significa que hacerlo de igual forma la próxima vez sea por dirección

divina. Un nuevo negocio requiere nuevas estrategias.
Una nueva iglesia requiere nuevas ideas. Un nuevo día
significa nuevos problemas y nuevas respuestas. Escuche
las variaciones de Dios.

Dios le dio a David un nuevo plan. «Esta vez te están esperando. Haz que tus hombres se infiltren silenciosamente alrededor de los filisteos hasta esa cordillera de colinas bajas detrás
del valle. Espera hasta que escuches el viento sobre las copas de
los árboles de mora. Entonces ataca».

«Dios nos dirá cuándo movernos», dijo David a sus hombres.
«Cuando escuchen el viento, ataquen».

LECCIÓN DEL VIEJO DOCTOR MARK

La disciplina más importante de la vida espiritual es esperar. Aun cuando sienta que los filisteos se le están acer-
cando y deba atacar, espere el viento. Espere al Señor.

Cuando el viento agitó las copas de los árboles de mora, se
dirigieron hacia el valle y una vez más aniquilaron a los confun-
didos filisteos.

LÍDER RELIGIOSO

David se estableció como líder político de Israel al hacer de su
nueva capital la antigua fortaleza pagana de Jebús, en lugar de
una de las capitales tribales. Con la conquista de Jebús, seguida
rápidamente por las dos victorias en el valle de Refayin, David
había demostrado que era un gran líder militar. Ahora sabía
que necesitaba hacer de Jerusalén no solo la capital militar y
política de Israel, sino también su centro religioso.

El arca del pacto había estado guardada durante años en una tienda de campaña en la antigua capital militar de Balá de Judá. David se dijo a sí mismo: «¿Cómo podemos decir que servimos al Dios de Israel si el arca no está aquí? Necesitamos esa bendita presencia. Debemos llevar el arca a Jerusalén».

Así que organizó un espléndido desfile para llevar el arca de Balá de Judá a Jerusalén. La cargaron cuidadosamente en una carreta tirada por bueyes. ¡Una carreta de bueyes! David iba a llevar el arca a Jerusalén en una invención filistea. David tenía la intención de llevar el arca del pacto a Jerusalén de la misma manera que llevó el botín que les robó a los amalecitas a la capital filistea. «¡Bajemos a Balá de Judá y traigamos el arca del pacto a Jerusalén!».

Devolver el arca fue una buena decisión, la decisión correcta, pero David no lo hizo a la manera de Dios. No se suponía que el arca del pacto fuera transportada en una carreta de bueyes; se suponía que debían llevarla en los hombros de los sacerdotes.

Cuando la carreta de bueyes se tropezó en el lecho de un arroyo, haciendo que el arca se tambaleara, un hombre bien intencionado llamado Uza extendió la mano estúpidamente para sostener el arca. Las Escrituras dicen: «Entonces la ira del SEÑOR se encendió contra Uza por su atrevimiento y lo hirió de muerte ahí mismo, de modo que Uza cayó fulminado junto al arca» (2 Samuel 6:7).

David estaba confundido. Estaba tratando de hacer la voluntad de Dios. También Uza. Los motivos de Uza eran puros, sin embargo, terminó muerto en el lecho de un arroyo en medio del desfile de David.

David se da cuenta de que no puede ir más lejos. Observa a su alrededor y ve a un granjero al lado del camino.

—¿Cuál es tu nombre? —le pregunta al hombre aturdido.

—Obed Edom —dijo el individuo con nerviosismo.

—Bueno, Obed Edom, el arca de Dios está a punto de morar en tu casa.

Enfoque del líder: Dios no necesita que usted lo apoye.

Sería fácil escuchar esta historia de Uza con el arca y acusar a Dios. Uza solo estaba tratando de ayudar, ¿verdad? No quería que el arca del pacto se embarrara por completo. ¿Cuál es el daño en eso? El daño es este: Dios no necesita la ayuda de usted. No es necesario que lo apoye. Él lo apoya a usted.

Apoyar a Dios ha sido uno de los mayores escollos en la comunidad evangélica: entretejer testimonios, exagerar milagros, omitir detalles y agarrar atajos. Dios no necesita que lo sostengamos ni lo ayudemos a salvar las apariencias. Lo tiene todo bajo control.

No necesita un invento filisteo para llevar su poder y no necesita una mano amiga. Dios puede cuidar de sí mismo.

EL ARCA LLEVADA A JERUSALÉN

Más adelante, David recordó el arca de Dios y ese día desastroso cuando el estallido de la ira de Dios mató a Uza. David todavía anhelaba que el arca llegara a Jerusalén, pero quedaba la terrible pregunta: ¿Es seguro?

Así que, entonces, David envió hombres a la casa de Obed Edom. Estaba ansioso por un informe. Imaginó que toda la familia de Obed Edom podría estar muerta. No era exagerado creer que Dios los había matado al igual que lo había hecho con Uza. David no había tenido noticias de Obed Edom desde el día en que murió Uza.

Cuando sus hombres regresaron, David pregunta si los de la casa de Obed Edom estaban muertos. El capitán negó con la cabeza, mitad alegría y mitad incredulidad. «Su Majestad, no están muertos en lo absoluto. Es justo lo opuesto. Sus campos tienen más fanegas por hectárea que todos los predios a su alrededor. Cuando hay sequía por todas partes, en sus campos está lloviendo. Sus vides están llenas de uvas, sus silos repletos de trigo, su ganado tiene más leche que la que yo creía posible y su esposa está embarazada de gemelos. Realmente han sido bañados con abundancia de las bendiciones de Dios».

David sabía lo que debía hacerse. Sabía que la bendición que el arca traía a la casa de Obed Edom debía llegar a Israel. Era hora de recuperar el arca. Esta vez, sin embargo, dejó atrás el carro de bueyes. Ahora lo hizo a la manera de Dios.

LECCIÓN DEL VIEJO DOCTOR MARK

A veces podemos sentirnos tentados a rechazar el poder sobrenatural de Dios por temor a lo desconocido, para luego buscarlo nuevamente en momentos de necesidad. No podemos colocar el poder de Dios en el granero de un granjero solo porque no lo entendamos o porque le tengamos miedo. Eso es lo mismo que tratar de controlar a Dios. Deje que Dios haga lo que quiera hacer y déjelo que lo haga a su manera. Él es un Dios de bendición y abundancia. No lo esconda en un sótano porque tema miedo a lo desconocido.

Imagínese la escena. Esta vez, David lo hace bien. En vez de cargar el arca del pacto en un carro de bueyes, los sacerdotes la llevaron como se debía hacer. Hubo adoración, danza y alabanza. Dios verdaderamente fue entronado una vez más en las alabanzas de su pueblo.

A medida que el arca se acercaba a Jerusalén, David fue tomado por el poder del Espíritu y comenzó a danzar. Lo hizo con tal libertad que se quitó la ropa y bailó sin vergüenza alguna, con solo un efod de lino, algo como una camisa ligera y ropa interior. No le importaba. Estaba lleno de asombro y gozo por la presencia y el poder de Dios que había llegado a la ciudad que amaba. Todo lo que había sucedido desde el día en que Samuel llegó por primera vez a Belén lo había dirigido a ese momento. A pesar de todo lo que corrió, todo lo que se escondió y toda la sangre que derramó, esta gran bendición de Dios hizo que valiera la pena los años de sacrificio. Todo lo que David pudo hacer en ese momento santo y gozoso fue bailar.

LECCIÓN DEL VIEJO DOCTOR MARK

En ninguna parte de este pasaje leemos que David haga que los demás bailen. El gozo y las bendiciones de ese día fueron para todos, no solo para David; sin embargo, no exige que los demás adoren de la misma manera que él. Todos adoran y se regocijan de manera diferente. Unos bailan. Otros aplauden. Aun otros levantan la mano. Algunos cruzan las manos y permanecen sentados. Esa es la libertad que tenemos en el Espíritu del Señor: adorar como mejor nos parezca.

Después que el arca fue colocada en la tienda especial que David había preparado para ella y se ofrecieron holocaustos al Señor, el alegre día de David continuó. En 2 Samuel 6 dice que David les dio regalos a todos los hombres y mujeres de Israel (v. 19). A todos los que vio, David les dio un trozo de carne, una barra de pan y una jarra de vino.

Cuando terminó la fiesta del siglo, el jubiloso y generoso David regresó a su casa. Allí se encontró con una Mical furiosa.

David estaba confundido. ¿Qué podría estar mal en ese glorioso día? Él estaba en un estado de ánimo generoso y estaba dispuesto a bendecir a Mical, pero ella no quería nada de eso.

Mical derramó su acumulada amargura sobre David. «¡Qué espectáculo más patético! ¡El rey de Israel bailaba hoy en las calles como un pervertido, exponiéndose frente a todas esas mujeres jóvenes! ¿Cómo pudiste deshonrarte así? Tú me deshonraste y deshonraste a Israel».

Mical no puede animarse a regocijarse con su esposo. No se deleita en este momento histórico para Israel. Sus emociones están enredadas. Una vez amó a David, pero también amó a Paltiel. También amaba a su vengativo y endemoniado padre, quizás más que a nadie en su vida. Para su detrimento, el amor y la devoción que sentía por su padre, incluso después de su muerte, no le permitirán encontrar alegría en su nueva vida como reina.

Intrigado por el desprecio que manifiesta su esposa, David dice: «Eso no es lo que te enoja. No estás enojada porque bailé frente a toda esa gente. Todavía estás enojada porque Dios quitó a tu padre del trono y me puso a mí en su lugar. Eres una mujer amargada que no puede dejar de ser hija de un rey para convertirse en la esposa del rey. Dios me puso como gobernante de Israel, y si quiero bailar ante el Señor, bailaré ante él. Lo haré con alegría. Si crees que eso me hace parecer tonto, que así sea. Bailaré como un tonto si el Espíritu me lleva a hacerlo».

Mical permaneció en silencio, atónita mientras David continúa.

«En cuanto a esas jóvenes que me vieron bailar, no me odian. No me desprecian. Me tienen en honra porque saben que mi acto de adoración fue genuino, no perverso. Pero mi esposa, mi mujer, se avergüenza de su esposo el rey».

Las Escrituras cierran esta escena con una frase. «Y Mical hija de Saúl murió sin haber tenido hijos» (2 Samuel 6:23).

No sabemos con exactitud qué significa eso. Quizás la acidez y la amargura de espíritu de Mical simplemente la secaron como mujer. O tal vez David le dijo sin rodeos: «No te necesito», y nunca volvió a tener relaciones sexuales con ella. Después de todo, al hombre no le faltaron esposas.

Lo que sí sabemos es que nunca tuvo un hijo. Aunque era hija de un rey, además de esposa de un rey, nunca sería madre de un rey.

Enfoque del líder: Aunque usted no puede controlar el sufrimiento que le infligen los demás, puede controlar su respuesta a ellos.

Nuestros corazones están con Mical. Era una especie de peón en el juego de ajedrez político entre dos poderosos gigantes. Aunque estaba enamorada de David y él de ella, cuando eran más jóvenes, Saúl la usó mal. La convirtió en su espía, su cómplice involuntaria en una conspiración contra David. Mical amaría mucho, sufriría mucho y lloraría mucho en su vida.

Sin embargo, también hay mucho que aprender de Mical. Habrá dolor en nuestras vidas. Pueden suceder eventos sobre los que no tenemos control. Lo que sí podemos controlar es cómo responder. Podemos permitir que la amargura eche raíces y nos seque, o podemos elegir confiar en Dios, alabarlo y experimentar su gozo.

¿Y si la relación de David con Mical hubiera sido diferente? ¿Y si Mical se hubiera dicho a sí misma: «Mi padre estaba equivocado y se ha ido? Ahora vivo con David. Seguro, me lo entregaron dos veces y perdí a otro hombre al que amaba. Sin embargo, yo soy la reina de David y él es mi rey. Mi esposo está bajo el Espíritu de Dios y tiene

la bendición de ver el arca del pacto en Jerusalén. Así que opto por amar a este hombre con todo mi corazón y hacer de nuestro hogar uno en el que reine la felicidad».

Si Mical, en lugar de escupir veneno a su esposo, se hubiera arrojado a sus brazos, lo hubiera besado en la boca y le hubiera dicho: «Te vi bailar ante el Señor hoy, y estoy orgullosa de tener un hombre que ama a Dios más que yo. ¡Oh, cuánto te amo!».

Si solo hubiera...

Quizás el pasaje que nos dice que ella nunca tuvo hijos no se habría escrito nunca. Quizás su hijo hubiera construido el templo de Dios. Quizás nunca hubiéramos oído hablar de Betsabé.

CAPÍTULO 9

LA KRYPTONITA DE UN JOVEN PRODIGIO

Basado en 2 Samuel 7—8, 10

LOS EVENTOS QUE rodean a «Betsabé» son tragedias para todos los involucrados, pero no ocurren en un abrir y cerrar de ojos. No surgen de la nada como un venado que sale corriendo por la carretera causando caos en el tránsito. Son el resultado de una serie de decisiones. El momento preciso en que sucede ocurre también una terrible explosión de dolor e infelicidad, pero esa explosión se viene produciendo desde hace mucho tiempo. El amorío más memorable de la historia, bíblica o secular, es el de David con Betsabé. Parece un momento aislado, una fracción de segundo de debilidad que parece más una erupción espontánea que un pecado calculado. En parte eso es cierto, pero hay mucho más que eso.

Medite en la vida de David hasta ese momento. Piense en todo lo que había hecho y en lo que se había convertido. Hoy podemos decir que alguien es «conocedor de muchos oficios, maestro de ninguno», pero David era más en todo que eso: maestro de todos los oficios, experto en todo.

David provenía de la nada, era el hijo menor de una familia extremadamente común. Ni siquiera eran de la tribu de Benjamín, la tribu guerrera. ¿Dónde aprendió David estrategia militar? ¿Dónde aprendió las tácticas sofisticadas que usó en la batalla? ¿Cómo aprendió David a tocar la lira? ¿Quién le enseñó a escribir poesía? «El SEÑOR es mi pastor, nada me falta; en verdes pastos me hace descansar. Junto a tranquilas aguas me conduce; me infunde nuevas fuerzas. Me guía por sendas de justicia por amor a su nombre» (Salmos 23:1-3). ¿Quién escribe ese tipo de cosas?

David fue un genio polifacético y una celebridad nacional a una edad muy temprana. Fue rey a los treinta años y ya era el guerrero más temido del país. El estrellato a una edad temprana puede tener sus consecuencias. Demasiado éxito, demasiado pronto puede ser un camino hacia el dolor.

Muchos años después, tras la muerte de David, cuando Salomón era rey, este escribió: «Al orgullo le sigue la destrucción» (Proverbios 16:18). Me pregunto si Salomón pensó en su padre cuando escribió esas palabras.

NO UN CONSTRUCTOR DE TEMPLOS

La vida temprana de David estuvo repleta de historias enriquecedoras y sorprendentes. Mató leones y osos con sus manos. Derribó a un gigante con una piedra. Le cantaba a un rey para que durmiera, circuncidó a doscientos filisteos, fue protegido sobrenaturalmente en Nayot y se convirtió en el guerrero más exitoso de los filisteos.

Al convertirse en rey, conquistar Jebús y hacer de esa fortaleza su nueva capital, David rápidamente estableció a Israel como una fuerza a considerar en el Medio Oriente. Luego llevó el arca a Jerusalén para que las bendiciones de Dios continuaran fluyendo sobre su nación. Aun con solo treinta y tantos años, el rey David estaba en la cima del mundo y se sentía imparable. Los jóvenes a menudo se sienten a prueba de balas o, en el caso de David, a prueba de flechas.

Sin embargo, ese es un lugar peligroso para un hombre de Dios.

En cada nuevo nivel, hay un nuevo diablo, y en esta parte intermedia de su vida, David estaba a punto de encontrarse con algunos diablos nuevos y mortales.

En 2 Samuel 7 dice que «una vez que el rey David se hubo establecido en su palacio» (v. 1). Esta frase aparentemente descartable en las Escrituras realmente marca un punto de inflexión en la vida de David. Ya no era un pastorcillo que guiaba a sus ovejas. No era el guerrero a caballo que perseguía enemigos malvados. No era el temido forajido que vivía en una cueva del desierto, ni el guerrillero que echaba a los amalecitas de la ciudad. Era un rey sentado en su palacio. Finalmente hubo paz y prosperidad en la tierra y un nuevo sentido de importancia para el joven rey.

Fue en esa condición de vida que David llamó al profeta Natán.

«Aquí tengo este hermoso palacio para vivir», comienza David a decirle a Natán, «mientras el arca del pacto todavía se encuentra en lo que equivale a una carpa de gran tamaño. Eso no me parece correcto en ningún aspecto. ¿No crees que sería buena idea que yo construyera un templo para el arca?».

De manera inusual, Natán responde de inmediato: «¡Sí, es una gran idea! Deberías construir ese templo. Dios está contigo en esto».

LECCIÓN DEL VIEJO DOCTOR MARK

Sea lento para hablar por Dios. Si tiene una palabra de Dios, entonces dígala. Sin embargo, tenga cuidado de no responder a sus emociones. Espere una respuesta firme de Dios.

Más tarde esa noche, sin embargo, Dios le recordó a Natán cómo es que funciona eso de ser profeta: primero habla Dios, después el profeta, no al revés:

«Ve y dile a mi siervo David que así dice el SEÑOR: "¿Serás tú acaso quien me construya una casa para que yo la habite? Desde el día en que saqué a los israelitas de Egipto, y hasta el día de hoy, no he habitado en casa alguna, sino que he andado de acá para allá, en una tienda de campaña a manera de santuario. Todo el tiempo que anduve con los israelitas, cuando mandé a sus gobernantes que pastorearan a mi pueblo Israel, ¿acaso le reclamé a alguno de ellos el no haberme construido una casa de cedro?"

»Pues bien, dile a mi siervo David que así dice el SEÑOR Todopoderoso: "Yo te saqué del redil para que, en vez de cuidar ovejas, gobernaras a mi pueblo Israel. Yo he estado contigo por dondequiera que has ido, y he aniquilado a todos tus enemigos. Y ahora voy a hacerte tan famoso como los más grandes de la tierra. También voy a designar un lugar para mi pueblo Israel, y allí los plantaré para que puedan vivir sin sobresaltos. Sus malvados enemigos no volverán a humillarlos como lo han hecho desde el principio, desde el día en que nombré gobernantes sobre mi pueblo Israel. Y a ti te daré descanso de todos tus enemigos.

»"Pero ahora el SEÑOR te hace saber que será él quien te construya una casa. Cuando tu vida llegue a su fin y vayas a descansar entre tus antepasados, yo pondré en el trono a uno de tus propios descendientes, y afirmaré su reino. Será él quien construya una casa en mi honor, y yo afirmaré su trono real para siempre. Yo seré su padre, y él será mi hijo. Así que, cuando haga lo malo, lo castigaré con varas y azotes, como lo haría un padre. Sin embargo, no le negaré mi amor, como se lo negué a Saúl, a quien abandoné para abrirte paso. Tu casa y tu reino durarán para siempre delante de mí; tu trono quedará establecido para siempre"».

—2 SAMUEL 7:5-16

Nada de lo que Dios habló a través de Natán era una reprimenda. La palabra de Dios a David es más una advertencia amorosa como la de un Padre a un hijo: «Escucha, si me construyes una casa, puede ser el golpe final, el último clavo en tu ataúd de arrogancia. Después de todo lo que ya he hecho a través de ti, debes dejar esto para que otro lo haga. No me construyes una casa; yo construyo la tuya».

Siempre rebosante de gracia, Dios también le recordó a David la bendición suya a largo plazo. Le dijo: «Te he hecho un nombre entre los grandes. Tu nombre será famoso hasta el fin de los tiempos». Quizás David el Grande no sea un título demasiado extravagante después de todo. Cuando Dios dice «grande», quiere decir «grande», y ¿quiénes somos nosotros para discutir eso?

Fue Dios el que le dio a David la unción para matar a Goliat. Fue Dios el que llevó a David de los campos de cebada de Belén a un palacio en Jerusalén. Fue Dios el que dirigió a los ejércitos de David a través de todas esas batallas. Fue Dios el que hizo grande el nombre de un pastorcillo entre las naciones.

LECCIÓN DEL VIEJO DOCTOR MARK

Dios bien puede llamarnos a enfrentar grandes desafíos, o a hacer grandes hazañas para él, o a superar grandes obstáculos. Sin embargo, si usted se encuentra en ese lugar donde piensa que está construyendo casas para Dios, él le recordará con firmeza, a veces muy dolorosamente, que él es el que construye casas para usted. Usted no lo levanta; él le levanta a usted.

Como si la palabra de gracia y seguridad de Dios para David no fuera lo suficientemente extraordinaria, él siguió con un maravilloso «sin embargo». «Sin embargo, cuando mueras, permitiré que tu hijo construya ese templo». A veces Dios permite que una segunda generación de liderazgo cumpla el sueño del líder anterior.

Dios reservó ese gran logro para el hijo de David, no por castigo o rencor, sino por amor. Dios es extremadamente consciente del orgullo que los hombres pueden sentir cuando examinan todo lo que supuestamente han logrado. Dios dejaría la edificación del templo para que la hiciera otro rey. El orgullo de David y la destrucción que traería ciertamente aumentaría de otras maneras, pero el templo estaba listo para que Salomón lo construyera.

LA EXTENSIÓN DE LAS FRONTERAS

A medida que el rey David convirtió al ejército de Israel en una fuerza sustancial, comenzó a extender su reino. Él sabía que si el pequeño país seguía con el mismo tamaño que tenía, Israel siempre estaría librando guerras defensivas, tanto militar como políticamente. David sabía que Israel debía expandirse y hacer retroceder aún más a sus enemigos.

LECCIÓN DEL VIEJO DOCTOR MARK

Si acampa solo en lo que ya tiene, estará constantemente a la defensiva. Presione, empuje los bordes, ensanche las estacas de su tienda. Vaya más lejos. Ciertamente es necesario que haya momentos de descanso, pero también debe haber temporadas de ataque. Haga una pausa si es necesario. Consolide sus ganancias de vez en cuando. Luego levántese y avance de nuevo. Los grandes líderes siempre avanzan. Si está constantemente en una postura defensiva, permanecerá siempre bajo ataque.

David comenzó a moverse contra todas las naciones vecinas que se habían opuesto a él: moabitas, edomitas, hititas, jebuseos, amonitas, filisteos y amalecitas. Dado que Israel todavía estaba rodeado por todos esos enemigos, David dijo: «No me voy a quedar sentado aquí en Jerusalén y esperar a que me ataquen. Voy tras ellos».

En 2 Samuel 8, obtenemos un resumen completo de la campaña de extensión de fronteras que emprendió David. El versículo 3 dice que «Además, David derrotó a Hadad Ezer, hijo del rey Rejob de Sobá, cuando Hadad Ezer trató de restablecer su dominio sobre la región del río Éufrates». Entonces Hadad Ezer hizo un movimiento poderoso y David lo destruyó. David extendió su reino por el Éufrates, casi hasta lo que ahora es Irak, paralizando a sus enemigos en el norte. Capturó mil carros, siete mil jinetes y veinte mil soldados de infantería, y desjarretó todos menos cien caballos de carros, que guardó para sí.

David era temido y odiado por las naciones que rodeaban a Israel. Sus líderes reconocieron la fuerza de la nueva nación y decidieron buscar la paz con su joven e impredecible rey. Por otra parte, el rey Tou —de Jamat—, un antiguo enemigo de Hadad Ezer, fue uno de los que se dieron cuenta de que era más saludable ser amigo de David que enemigo. Consciente de que «el enemigo de mi enemigo es mi amigo», Tou envió regalos de oro, plata y bronce a David. El joven rey de Israel no solo estaba derrotando enemigos; estaba haciendo aliados políticos. También estaba solidificando su reino a nivel diplomático.

Luego, David se trasladó al sur contra Edom, donde mató a dieciocho mil de sus mejores soldados y colocó guarniciones en toda su nación. También esclavizó a todos sus ciudadanos. El nombre de David se hizo famoso dondequiera que iba porque el Señor le dio victorias sin precedentes, y con cada triunfo llegaban nuevas fronteras. David el Grande estaba dejando su huella, y lo hizo tanto con misericordia como con una sed ardiente de sangre.

Cuando el rey de los vecinos amonitas murió, David decidió que buscaría al nuevo rey, Janún, porque su padre, el rey Najás, le había mostrado amistad a David. Así que cuando David envió emisarios a Janún para expresar su pesar por la muerte de su padre, Janún los acusó de ser espías. El rey Janún envió de vuelta a los emisarios humillados, con la barba rapada por la mitad y la túnica cortada a la altura de las nalgas.

Janún intentó salir rápidamente de ese desastre diplomático buscando aliados y contratando mercenarios. Reforzó su ejército con veinte mil mercenarios arameos, mil soldados de Macá y doce mil de Tob.

Liderados por Joab, el ejército israelita atacó al ejército de aliados de Janún con una ferocidad predecible, y tanto los amonitas como sus aliados se rindieron rápidamente a Joab y David. Lo que una vez fue un ejército feroz, ahora se había convertido en una manada de siervos de Israel.

En otra batalla contra los moabitas, David no fue tan diplomático ni tan misericordioso como lo fue con Janún. Después de conquistar Gat primero —la ciudad filistea más grande— y luego la tierra de Moab, David supo que —si soltaba a los soldados sobrevivientes— tendría que lidiar con ellos más tarde. Y no quería luchar dos veces contra el mismo ejército. Así que hizo que todos se colocaran hombro con hombro. Tomó un trozo de cuerda y lo colocó a lo largo de la línea de soldados. Los hombres de David mataron a todos los soldados enemigos que estaban debajo de la cuerda. Usando este terrible método de selección una y otra vez, diezmaron a los filisteos. Cada tercer grupo debajo de la cuerda se salvaba. En otras palabras, dos tercios de los soldados filisteos murieron. Un tercio se salvó y fue enviado a casa, demasiado asustado como para volver a enfrentarse a Israel.

Este método arbitrario de decidir las ejecuciones puede parecernos brutal y desalmado hoy en día, pero era típico de la época en que reinó David. Los enemigos de Israel literalmente querían que Israel fuera aniquilado del mapa. No querían simplemente ser más fuertes que David ni gobernarlo; querían que él y su pueblo fueran borrados de la faz de la tierra. Israel estaba luchando por su supervivencia.

Sin embargo, incluso en esto, David estaba mostrando misericordia a sus enemigos. No quería que la nación que había conquistado estuviera totalmente despoblada. No quería que las mujeres filisteas no pudieran tener hijos durante toda una generación. Solo necesitaba asegurarse de que su ejército se hubiera debilitado significativamente para evitar que lo atacaran nuevamente.

Después que David logró estas impresionantes victorias, no quedó ningún enemigo destacado en las fronteras de Israel. Había devastado a los amalecitas. Había quebrantado a los perpetradores de la opresión filistea. Había derrotado a sus enemigos hasta Damasco e incluso hasta el río Éufrates en el norte. También había aplastado los poderes del eje de Amón, Asiria y Moab.

Cuando todavía tenía treinta y tantos años, David se había establecido como el líder político y militar más prominente del Medio Oriente. El favor de Dios ciertamente descansó sobre David. Las temporadas de éxito son maravillosas, por supuesto. También pueden ser peligrosas.

Cualquiera que lograra todo lo que David había hecho desde que era un niño lucharía con el orgullo. Los líderes de gran éxito, especialmente los jóvenes, pueden empezar a sentirse inquebrantables. El problema, por supuesto, es que nadie es inquebrantable, ni siquiera David.

David nunca fue quebrantado en la batalla, pero el colmo de las ironías, lo que finalmente lo quebrantó, fue no ir a la batalla.

Enfoque del líder: En cada fase de la vida, uno planta las semillas del éxito o el fracaso para la siguiente fase.

Su vida en el futuro se verá afectada por las decisiones que tome y lo que aprenda ahora. Lo que aprenda hoy sobre usted mismo y sobre la vida, la disciplina, la esperanza, la verdad, el carácter y Dios afectará su mañana más de lo que cree.

Las imperfecciones que pintamos, las grietas que enyesamos y los atajos que tomamos para que nunca tengamos que lidiar con el problema en cuestión tienen la capacidad de herir profundamente nuestro futuro.

A una edad temprana, David se convirtió en un niño prodigio. A sus veinte y treinta años era un superhéroe. Sin embargo, su orgullo se convertiría en su kriptonita, y Dios estaba tratando de advertirle antes de que fuera demasiado tarde. Cuando David dijo que quería construir un templo, Dios le contestó: «Yo te levanté. Te di la victoria sobre tus enemigos. Esparcí a tus enemigos delante de ti. Yo hice esto, no tú. Tienes riqueza, poder y buena apariencia; puedes escribir música y poesía. Si construyes el templo, no podré salvarte. Necesito mantenerte bajo control».

David, aparentemente, no lo entendió. No reconoció su falta de aliento: el orgullo de hoy causaría estragos en su mañana. Al final, no estaba preparado para lo que estaba a punto de surgir del pantano y atraparlo. No estaba preparado en lo absoluto.

CAPÍTULO 10

LA CHICA DEL RIZO

Basado en 2 Samuel 11

S I ALGUNA VEZ hubo un momento único y decisivo que ilustró a la perfección las complejidades del rey David, es la historia de Betsabé: la tentación, el pecado, las consecuencias y el arrepentimiento. ¿Cómo podría «un hombre conforme al corazón de Dios» cometer adulterio, asesinato, conspiración y corrupción gubernamentales de alto nivel?

David se parece bastante a la niña del poema de Henry Wadsworth Longfellow.

> Había una niña
> Que tenía un pequeño rizo
>   Justo en medio de su frente.
> Cuando ella era buena
> Era muy, muy buena,
>   Y cuando era mala, era terrible.[1]

La historia de Betsabé no se puede explicar simplemente señalando que David era un caudillo jefe militar que estaba en la cúspide de la Edad de Bronce. La cultura de la época en la que vivió nos ayuda a lidiar con la poligamia y la brutalidad militar de David. El adulterio y el asesinato de un amigo para encubrirlo no tienen que ver nada con cultura. Tiene todo que ver con el pecado.

A la mediana edad de su vida, el episodio de Betsabé revela los valles más oscuros de la travesía de David y lo que lo convierte en «un hombre conforme al corazón de Dios». Johann Wolfgang von Goethe escribió una vez: «Un buen hombre, en su aberración más oscura, todavía está consciente del camino correcto».[2] David estaba a punto de entrar en un camino oscuro y destructivo, pero debe haber sido consciente del camino correcto. Seguramente lo fue porque, al final —más tarde de lo debido—, David eligió el camino correcto.

LOS PELIGROS DE ESTAR ATRÁS

Nada en las Escrituras se desperdicia. No hay ni una sílaba por accidente. Las primeras palabras de 2 Samuel 11 parecen inocuas. «En la primavera, que era la época en que los reyes salían de campaña, David mandó a Joab con la guardia real y todo el ejército de Israel para que aniquilara a los amonitas y sitiara la ciudad de Rabá. Pero David se quedó en Jerusalén» (v. 1). Con esas palabras, la vida de David comienza a desmoronarse. Esa simple oración avisa que el rey no está donde se supone que debe estar, lo cual fue la puerta abierta para un terrible desastre.

Esa fue la primera vez en la carrera de David que no había dirigido personalmente al ejército. Cuando sus *gibborim* asaltaron Adulán y Siclag, David abrió el camino. Cuando el ejército israelita extendió las fronteras de la nación al expulsar a los filisteos, amonitas y amalecitas, David estaba al menos en el campamento base y tal vez en el frente. Sin embargo, aquí, cuando el poder militar israelita estaba en su apogeo, David se quedó en Jerusalén.

Quizás los otros consejeros de Joab y David le imploraron que se quedara atrás. Tal vez le dijeron: «Su Majestad, en este momento Israel es David y David es Israel. Si lo matan en la batalla, estamos en un gran problema. Por favor, quédese aquí». Quizás estaban genuinamente preocupados por él y él estaba honrando genuinamente los deseos de sus consejeros y generales. Aun así, David seguía siendo rey. La decisión final era suya y solo suya. Si hubiera querido sacar a su ejército de Jerusalén, nadie podría haberlo detenido.

David no era demasiado mayor para la batalla en ese momento de su vida. Todavía estaba en sus treinta y tantos años. No era un anciano decrépito, ni una figura representativa, era un guerrero. Era un líder joven y viril, demasiado joven para jubilarse y para aburrirse con facilidad.

Sin embargo, se quedó en Jerusalén. Tal vez solo deseaba un poco de paz. Había estado en una batalla tras otra toda su vida. Había sido personalmente responsable de cientos de muertes, y decenas de miles más habían caído a manos de sus ejércitos. Quizás David estaba cansado del derramamiento de sangre. Tal vez estaba dispuesto a dejar que sus soldados lucharan solos. Después de todo, era rey. Debe haber sentido que se merecía algo de descanso.

Israel se estaba expandiendo. El arca estaba en Jerusalén. La vida era buena para el rey que solía dormir en cuevas. Por alguna razón, no estaba con su ejército y se dio cuenta de que tenía mucho tiempo libre. El hecho de que David no tuviera una guerra en la cual gastar su energía no significaba que no tuviera energía para gastar.

LECCIÓN DEL VIEJO DOCTOR MARK

El tiempo de inactividad no es tan bueno como parece. Sé que esto va en contra de mucho de lo que se enseña hoy en día, pero sería prudente recordar el viejo proverbio que reza: «Una mente ociosa es taller del diablo». Fue cierto para David y sigue siendo cierto para todos nosotros. He luchado mucho más en temporadas de aburrimiento solitario que en días exigentes de trabajo duro. Los chicos aburridos pueden convertirse en chicos malos. El aburrimiento es enemigo de usted.

No había ninguna duda al respecto. David estaba aburrido e inquieto por la energía reprimida con la que no sabía qué hacer. Una tarde, se dedicó a dar un paseo por el tejado del palacio y vio a una hermosa mujer bañándose en el tejado de una casa cercana.

Este fue ciertamente un momento de tentación para David. ¿Qué hombre no se sentiría tentado al ver a una mujer hermosa y desnuda? Después de todo, David era solo un ser humano. Tenga presente que la tentación no es pecado. David estaba dando un paseo y sus ojos se encontraron con una mujer hermosa; no había pecado en ese momento. Aunque la vio y se dio cuenta de lo atractiva que era, todo estaba bien todavía. El pecado fue cómo respondió a ello.

LECCIÓN DEL VIEJO DOCTOR MARK

A Satanás no se le llama «padre de mentira» sin razón alguna. Él, de hecho, es el maestro del engaño. Nos miente a ambos extremos del pecado. Él es quien nos tienta y luego quiere que nos sintamos culpables por haber sido tentados, aunque todavía no hayamos pecado. Cuando pecamos, no quiere que estemos bajo la convicción del Espíritu Santo. Finalmente, si la convicción del Espíritu nos alcanza, Satanás nos condena rápidamente.

La reacción de David debió haber sido alejarse. No necesitaba estar solo en ese momento; necesitaba distraerse. La tentación en aquel momento era natural; no era mala. David solo necesitaba algunos amigos revoltosos a su alrededor para ahogar la vista de Betsabé bañándose a la luz de la luna.

Por desdicha, la respuesta de David fue incorrecta. Le pregunta a un guardia cercano: «¿Quién es esa mujer?».

Parece una pregunta bastante inocente, ¿no?

«¿Quién es ella? Solo pregunto, ya sabes. Es uno de mis súbditos, después de todo. Creo que debería conocer a todo el mundo».

¿Por cuántas mujeres vestidas estaba preguntando? ¿De qué niños jugando al escondite en otros tejados cercanos preguntó? Aunque su simple pregunta no se ve como una decisión consciente de pecar, en el momento en que David buscó su nombre, el resultado quedó decidido. La energía reprimida del rey ahora se convirtió en su enemiga.

«Ella es Betsabé, la esposa de Urías el hitita», le dijeron a David. Eso debía haberlo terminado todo. Sin embargo, el aburrido monarca envió a buscarla. La verdad es que probablemente no haya ninguna respuesta que el guardia pudiera haber dado que disuadiera a David de ordenar que la buscaran. Su mente ya estaba determinada. No solo le dijeron que estaba casada, sino que su esposo era alguien cercano a David. Al final de la vida de David, en 2 Samuel 23, Urías aparece como uno de sus valientes, uno de los que lucharon muy audazmente por el rey (v. 39). Mientras Urías estaba en una batalla, donde debía haber estado el mismo David, este sedujo a la esposa de su amigo. El pecado es pecado, por supuesto, pero el adulterio de David con Betsabé también fue traición a un amigo.

Después que David envió a buscar a Betsabé, hay una declaración extraña y bastante realista en las Escrituras. Recuerde, nada en las Escrituras carece de valor. En toda la Biblia, esas palabras y frases que parecen agregar poco a la historia son importantes. Considere este extraño versículo en 2 Samuel 11:4: «Entonces David ordenó que la llevaran a su presencia y, cuando Betsabé llegó, él se acostó con ella. Después de eso, ella volvió a su casa. Hacía poco que Betsabé se había purificado de su menstruación».

Según la ley judía, durante los siete días posteriores al final de la menstruación, la mujer no podía tener relaciones sexuales con su marido. Tenía que pasar por una ceremonia purificadora de una semana. Sin embargo, hay innumerables otras historias de sexo en la Biblia en las que nunca se menciona nada sobre esos ritos de purificación. ¿Por qué se menciona aquí? ¿Cómo habría sabido David que ella estaba ceremonialmente limpia?

Es posible meterse en una nube tan religiosa y espiritualizada en extremo que pueda justificar un pecado satisfaciendo una ley. David debió haberle preguntado a Betsabé: «¿Has pasado por los siete días de purificación ritual?». Esa es una pregunta asombrosa para hacerle a una mujer con la que se está a punto de cometer adulterio.

David pensó religiosamente en ese momento en un esfuerzo por espiritualizar algo que era inmoral. Las lecciones de Hollywood sobre el amor son sorprendentemente similares, aunque enfatizan el amor, no la espiritualidad. Hollywood dice: «Si estás enamorado, entonces deja a tu esposo y a los niños por el nuevo hombre de tu vida. Si estás enamorado, es diferente. No es el tipo de adulterio realmente malo». Para Hollywood, enamorarse justifica el pecado. Para David, asegurarse de que Betsabé estuviera ceremonialmente limpia hacía que pareciera menos adulterio.

Silenció su conciencia, hirió su carácter y manchó su reputación, y lo hizo todo mediante una pregunta religiosa: «¿Estás purificada de tu inmundicia?».

Si David estaba aburrido antes de esa noche que vio a Betsabé bañarse en la azotea, pronto se curaría de eso. Poco tiempo después de su romance con la esposa de Urías, llegó la noticia de Betsabé: «Estoy embarazada y el bebé es tuyo». David, el estratega, diseñó un escenario en el que podía vincular al bebé con Urías, el esposo de Betsabé. Traería a Urías a casa desde el campo de batalla por una noche para que pasara una velada íntima con su esposa. Eso, al menos, encubriría el embarazo de Betsabé.

El plan de David, sin duda, habría funcionado si Urías no hubiera sido un tipo tan bueno y responsable. La brújula moral de Urías debe haber sido una de las razones por las que David pensaba tan bien en ese buen hombre. Esta vez, sin embargo, la brújula moral de Urías fue un inconveniente para David, y sería la muerte de Urías. Después de fingir interés en una conversación sobre Joab, la guerra y cómo iba todo, David llega al punto que le interesa: llevar a Urías a casa.

«Mientras estés aquí, puedes volver a casa y pasar el tiempo que tanto necesitas con tu esposa. Apuesto a que la extrañas, ¿eh? Y estoy seguro de que ella también te extraña. Así que ve, viejo fiel, y disfruta de una noche en casa».

A Urías no le interesa eso. «Mi rey, con el debido respeto, no puedo hacer eso. El arca está en una tienda. Todos mis soldados están durmiendo en tiendas de campaña esta noche. ¿Cómo iba yo a acostarme con mi esposa en una casa? ¿Cómo voy a tomar un baño caliente mientras mis hombres duermen en el barro frío? No podría ser culpable de tal acto. No, agradezco su amabilidad; pero en cambio dormiré aquí fuera de su puerta y seré su guardaespaldas personal esta noche».

La integridad y la lealtad de Urías deberían haber conmovido el corazón de David, pero estaba demasiado perdido. La respuesta de Urías le dio tiempo a David para hacer una pausa, repensar y detener todo el proceso. Pudo haberle confesado su terrible pecado a Urías. Al menos podría haberlo enviado de regreso a sus tropas y dejar que todo se desarrollara. Pero no, David intentó una vez más enviar a Urías a la casa con su esposa. Seguramente una noche inquieta durmiendo en la puerta del rey haría que Urías pensara que preferiría estar con su hermosa esposa. David incluso emborrachó a Urías en la cena del segundo día antes de intentar convencerlo nuevamente de que se fuera a estar con Betsabé. Urías todavía se negaba a dormir más cómodamente que el resto de sus hombres. En ese momento, Urías, aun borracho, mostró más integridad y carácter que un David sobrio.

Eso es un pensamiento aleccionador.

Mientras estrecha la mano de Urías y lo envía de regreso al ejército, David le entrega una nota sellada. «Por favor, dale esto a Joab».

«Lo que sea para usted, Su Majestad», responde Urías rápidamente y sale de Jerusalén, ansioso por estar junto a sus camaradas una vez más. La nota que lleva era su propia sentencia de muerte.

Consecuencias

Todo comenzó con un inocente paseo por la azotea para disfrutar del atardecer de Jerusalén. David nunca tuvo la intención de que sucediera nada de eso, ni siquiera pensó ver a la hermosa mujer bañándose en un lugar tan cercano. Aun así, verla no fue pecado; podría haber terminado con todo allí mismo. Podría haber pisado los frenos, haberse dado la vuelta y haber reunido a los muchachos para un juego de cartas. Sin embargo, preguntó quién era ella. A pesar de que ese fue el momento en que decidió pecar, aún podía haber detenido aquello en cualquier momento. No tenía que llamarla. No tenía que fingir ni mostrar falsas pretensiones de ser «religioso» en el momento. No tenía que acostarse con ella. No tenía que conspirar para incriminar a Urías por el embarazo. Podía haber confesado sus pecados y afrontar las consecuencias. Podía haberlo hecho, pero no lo hizo.

Habiendo tomado todas esas malas decisiones, ahora tomó la peor de su vida. Le ordenó a Joab que colocara a Urías al frente de la batalla, donde la lucha era más feroz, y que él se retirara dejando a Urías expuesto al enemigo. Este fue el mercenario de principios que se negó a matar a un hebreo cuando luchaba por los filisteos. Este era el fugitivo que pudo haber matado a Saúl dos veces, pero se mantuvo firme en la creencia de que Dios eliminaría al hombre y a su manera. Este era el mismo hombre que ahora tenía a un soldado inocente y leal —de la más alta integridad—, al que asesinaría para encubrir su adulterio y el embarazo resultante.

Tal vez todo ese terrible asunto era lo que estaba en la mente de aquella mujer que conocí en Israel y que me manifestó su disgusto porque estaba escribiendo sobre «¡ese maldito hombre!». Un genio polifacético. Músico. Poeta. Político. Estratega. Guerrero. Conquistador. Líder nacional. Fundador de una nación. Un hombre que cuando era bueno, era muy, muy bueno. Pero cuando era malo, era terrible.

Enfoque del líder: Establezca patrones que lo mantengan en movimiento y productivo todo el tiempo.

«Simplemente, no tengo el don de la administración», es la excusa quejumbrosa de los líderes vagos. Talento aparte, existe el trabajo duro. Los grandes líderes se levantan temprano y trabajan fuerte. Hay muy poco misterio en eso y aún menos tiene que ver con ser superdotado.

Cuando Dios puso a Adán en el paraíso, le dio la tarea de cuidar la tierra. El trabajo no es parte de la maldición. El trabajo es un regalo. Dios sabía que el trabajo le dio a Adán un sentido de propósito y logro. Los grandes líderes son grandes trabajadores.

Su ética de trabajo tendrá mucho más que ver con su éxito que con sus dones. Aprenda a trabajar y aprenda a amar el trabajo. Adminístrese usted mismo antes de intentar administrar a otros.

No fue el exceso de trabajo lo que abatió a David. Fue una indolencia autoindulgente.

LECCIÓN DEL VIEJO DOCTOR MARK

Un sueño común de los líderes jóvenes es conseguir un trabajo en el que nadie les asigne responsabilidades, donde nadie los controle y donde no haya reloj que marcar. Eso no es un sueño. Es una pesadilla y muy peligrosa. Usted necesita que otros lo vigilen, que le hagan seguimiento. Necesita pautas estrictas para mantener su responsabilidad y su productividad en todo momento. Necesita un horario establecido para cumplirlo aunque tenga que establecerlo usted mismo.

El peligro del exceso de trabajo es real hasta cierto punto, pero el riesgo es exagerado. El peligro mucho mayor es la pérdida de concentración. El apetito por la autocomplacencia perezosa causa mucho más daño que el trabajo duro.

David se había aburrido. Dejó ir su visión. Perdió su enfoque. Dejó que su bote se fuera a la deriva y atracó en el arrecife antes de que pudiera detenerse. Eso no es una excusa para él. Decidió preguntar por Betsabé. Mandó llamarla, se acostó con ella e hizo matar a su marido. Sin embargo, todo empezó porque perdió el enfoque.

Todo lo que digo es que, si hubiera tenido un pasatiempo, eso podría haberlo ayudado.

Capítulo 11

TÚ ERES ESE HOMBRE

Basado en 2 Samuel 12

DAVID, EL ENIGMA polifacético, era como el elefante descrito por cuatro ciegos. Uno toca el costado del elefante y piensa que es una pared. Otro le toca la pierna y dice que es un árbol. Otro le toca el tronco y dice que se parece más a una serpiente. El último le toca la cola y dice, no, es una escoba.

En este punto central de la vida de David, su complejidad es confusa. ¿Qué era exactamente David? Era pastor. Era político. Era líder. Era un dirigente guerrillero. Era un mercenario contratado para trabajar con el enemigo. Era un unificador. Escritor de salmos. Marido. Adúltero. Asesino.

¿Cómo pudo David, el superhéroe del Antiguo Testamento, matar a su inocente y leal amigo solo para encubrir su adulterio? Una noche de pasión es una cosa. Cometer un asesinato, simplemente para evitar el oprobio y la vergüenza de un embarazo es un pecado a otro nivel.

¿Quién es este David cuyo nombre se ha hecho grande en círculos religiosos y seculares a lo largo de la historia?

Tuvo una aventura, dejó embarazada a la esposa de otro hombre, hizo matar a su esposo y encubrió todo el asunto al casarse rápidamente con la afligida viuda. Seguramente el rey David debió pensar que lo había ocultado todo bajo la alfombra real.

CULPA PERSISTENTE

Lo que comenzó con un típico paseo nocturno por la azotea para disfrutar del atardecer de Jerusalén, desde el punto más alto de la ciudad, terminó con el asesinato de uno de los soldados más leales del rey.

David nunca le hubiera deseado ese episodio completo a nadie, pero ahora había terminado. Urías había muerto y David se había casado con la joven viuda después de un breve período de duelo. El pueblo de Israel evidentemente aceptó que el bebé fue concebido en matrimonio. David se sintió aliviado. Seguramente todo el oscuro episodio había terminado.

La intensa actividad, el funeral, la boda y, por fin, el nacimiento de un bebé real, se combinaron para ayudar a David a olvidarse de los pecados. En general, David debió haber pensado que aquello ya no contaba. Fue triste y lamentable, pero se acabó. Sin embargo, había algo más. La aprensión lo carcomía. Cada vez que abrazaba a su nueva esposa o sostenía a su bebé, se preguntaba —en el fondo— si de alguna manera, algún día, la verdad saldría a la luz.

Bajo la apariencia también estaba la culpa persistente. David era un hombre de Dios que había cometido un pecado horrible. Enterró ese asunto y, aparentemente, había engañado a todo Israel. La culpa debe haber sido abrumadora, algunas veces. Cada vez que pasaba por el tabernáculo del arca del pacto, o se sentaba con su lira y trataba de escribir un nuevo salmo, debe haberse revolcado en la culpa. Es probable que, a veces, David pensara en poder invitar a aquel «pastorcillo cantor» —que fue en su juventud— a su habitación para que le cantara en las noches hasta que se durmiera.

LECCIÓN DEL VIEJO DOCTOR MARK

Muchos psicólogos, en la actualidad, ven la culpa solo como una fuerza destructiva que debe evitarse a toda costa. Sin embargo, la culpa es un don divino. Por la gracia de Dios, nos carga con la culpa con el fin de que nos preparemos para escuchar su corrección. La culpa es un instrumento de Dios para conducirnos a la gracia. ¡Es una prueba de que Dios todavía nos ama demasiado como para dejarnos en paz!

Sin embargo, esto es lo que pasa con el pecado: el cartero siempre llama dos veces. Si no lo consigue hoy, volverá mañana. David pensó que había evitado lo peor, pero Natán, el profeta, se acercaba para tocar el timbre del palacio.

En 2 Samuel 12, vemos que David está en el salón del trono cuando alguien dice: «Su Majestad, el profeta Natán está aquí y quiere verlo. Dice que tiene una palabra de Dios para usted». ¿Qué debe haber pasado por la mente de David en ese momento? Ha estado evitando a Dios. Ha estado viviendo una mentira. Ha estado enfermo de culpa. Ahora, aproximadamente un año después de su noche con Betsabé, tal vez un poco menos, Natán está en la puerta principal y quiere hablarle. Realmente ni siquiera tenemos que conocer a David en ese momento para entender lo que estaba pasando dentro de él; podemos simplemente echar un vistazo a nuestra propia carnalidad. Si estuviéramos en el lugar de David, nuestros corazones latirían más rápido, nuestra respiración se volvería más lenta y todo lo que sucedería a nuestro alrededor se detendría. Para David en ese momento, Natán era lo único en el mundo. «¿Qué quieres, profeta?».

Para gran alivio de David, Natán no quiere hablar con el rey sobre Betsabé o Urías. En cambio, simplemente comparte una historia:

«El Señor envió a Natán para que hablara con David. Cuando se presentó ante David, le dijo:

—Dos hombres vivían en un pueblo. El uno era rico, y el otro pobre. El rico tenía muchísimas ovejas y vacas; en cambio, el pobre no tenía más que una sola ovejita que él mismo había comprado y criado. La ovejita creció con él y con sus hijos: comía de su plato, bebía de su vaso y dormía en su regazo. Era para ese hombre como su propia hija. Pero sucedió que un viajero llegó de visita a casa del hombre rico y, como este no quería matar ninguna de sus propias ovejas o vacas para darle de comer al huésped, le quitó al hombre pobre su única ovejita» (2 Samuel 12:1-4).

LECCIÓN DEL VIEJO DOCTOR MARK

Hay algo gracioso en la naturaleza humana: cuando usted se siente culpable de algo oculto en su propia vida y Dios ilumina el pecado de otra persona: 1) Usted estará aliviado puesto que la luz no lo iluminó; por dentro estará pensando: «¡Uf! Atraparon a otro, no a mí»; 2) Usted será la persona más indignada de la sala. Una justa indignación exagerada puede surgir de una conciencia culpable. «¡No puedo creer que hayan hecho eso! ¿Cómo es posible?».

Por supuesto, en última instancia, todo esto es solo juegos mentales, autoengaño del peor orden. Además, no funcionará por mucho tiempo, si trabajar con eso significa «silenciar el dolor persistente de nuestra culpa». La culpa está ahí, en el basurero mental en el que lo ocultó con tanto cuidado. No lo negará, aunque le carcoma como termita debajo de la superficie endurecida de nuestro pecado.

Una historia como la de Natán nos da un momento de alivio, pero solo un momento. Pero luego, se presenta de nuevo: la culpa, negándose a cerrar su molesta boca.

Al final, por supuesto, la culpa no es enemiga del alma, sino de los sistemas de negación y defensa cuidadosamente construidos por nuestra alma. La culpa es el instrumento de Dios para atravesar los muros exteriores y asaltar las cámaras internas de nuestro corazón, forzando al pecado a emerger a la superficie, sacándolo y arrastrándolo ante nuestros ojos horrorizados.

Allí, por fin, por la gracia de Dios, enfrentamos nuestro pecado por lo que es. La negación ahora es negada, debemos enfrentar la verdad, tal como lo hizo David, no porque Dios nos odie lo suficiente como para hacernos sentir culpables, sino porque nos ama lo suficiente. Así como amaba a David.

HAY QUE ADMITIR LA VERDAD

La historia de Natán es, por un lado, un maravilloso alivio para David. Por otro lado, está realmente indignado. El rey, rebosante de culpa reprimida, golpea con su puño y pronuncia su sentencia. «¡Tan cierto como que el Señor vive, este hombre merece morir! ¡No puede salirse con la suya tomando el cordero de ese pobre hombre! ¡Debe restaurar la oveja con cuatro de ellas y, después de eso, pagará con su vida!». Por un momento, todos en la sala del trono se quedan mirando a David, pero luego Natán pone un rápido fin al silencio. Señalando directamente al rostro del rey, el profeta grita: «¡Tú eres ese hombre! Tú eres quien robó el cordero. Yo sé lo que hiciste. Dios me reveló tu relación con Betsabé y el asesinato de Urías el hitita. ¡Si alguien merece morir ahora mismo, eres tú!».

Imagínese el impacto, el horror absoluto que invadió a los que estaban en ese escenario. La mano del general Joab seguramente se posó en la empuñadura de su espada. Siempre estaba más que dispuesto a matar y le habría quitado la cabeza al viejo Natán con un solo gesto de David. Todo lo que David tenía que hacer era chasquear los dedos y Joab hundía esa espada en el corazón del profeta. Nadie le habla así a un rey, a menos que quiera que sean las últimas palabras que pronuncie. David está abrumado por la culpa generada por el asesinato de un hombre inocente, pero al general Joab eso le es indiferente. Con mucho gusto partiría en dos a ese viejo profeta y se iría a dormir como un bebé esa noche. Sin embargo, para sorpresa de todos, David amonesta a Joab, indicándole que se calme. David deja caer su cabeza entre sus manos y dice: «Tienes razón. Hice todo lo que acabas de decir. He pecado contra el Señor».

LECCIÓN DEL VIEJO DOCTOR MARK

¿Se imagina cómo se leerían las Escrituras si David hubiera mirado a Natán a la cara y le hubiera dicho: «Viejo tonto, no sabes de qué estás hablando. Es todo tuyo, Joab»? Eso lo habría cambiado todo. De hecho, habría sido el final de David. En la crisis, el verdadero carácter del gran rey siempre se destacó. En vez de expresar una negativa airada, humildemente dijo: «Tienes razón. Hice todo lo que acabas de decir». La confesión no excusa el pecado. Ciertamente no lo justifica mágicamente. El pecado revela la humanidad del hombre. Lo que revela su verdadero carácter es la disposición a confesar y soportar el dolor.

Con David quebrantado ante él, Natán baja la voz algunos decibeles y continúa hablando en nombre de Dios al rey ungido. Sí, has pecado, pero el Señor te ha perdonado. Aunque incluso, según tus propias palabras, mereces morir. Sin embargo...

Un David medio aliviado y medio enfermo levanta la cabeza y mira a Natán, que claramente está incómodo con lo que está a punto de decir.

«Sin embargo», comienza de nuevo Natán, «tu bebé recién nacido morirá».

Algunas cosas en las Escrituras son difíciles de digerir, difíciles de escuchar, difíciles de leer. David habría ofrecido su propia vida en ese momento. Estaba preparado para dimitir del trono. Estaba dispuesto a confesar sus pecados al mundo entero, pero no a perder a su bebé, que era la única persona completamente inocente en toda aquella situación. Eso era imposible de entender. ¿Por qué moriría un bebé a causa de los pecados de su padre?

Algunos cerdos teológicos, simplemente, no pueden revolcarse en su porqueriza alegando justificación alguna. No entonces, ni tres mil años después. David había pasado gran parte de su vida tratando de sobrevivir otro día. Ahora iba a aprender una terrible lección. Nadie peca sin sentir las consecuencias.

Cuando usted peca, otras personas resultan lastimadas. El pecado rompe corazones. Hiere. Decepciona. Duele.

El pecado provoca enfermedad, desorden y confusión. El pecado nunca es un crimen sin víctimas. Tiene consecuencias que van más allá de su propia culpa y su dolor. Las personas que mueren como resultado del pecado no siempre son los pecadores. Ahora lo vemos. Ahora presenciamos la trágica sentencia de un Dios vivo que aborrece el pecado. Nada pudo impedir aquel veredicto. El bebé iba a morir, como en efecto sucedió.

Poco después de que Natán se fuera, el bebé cae gravemente enfermo. Durante siete días, David ora, ayuna y clama a Dios: «Señor, fui yo quien pecó. ¡Fui yo! No te lleves a mi bebé, por favor». Es inútil, por supuesto. El bebé muere.

LECCIÓN DEL VIEJO DOCTOR MARK

Usted puede arrepentirse del pecado y ser perdonado, pero es posible que no siempre pueda alterar las consecuencias. Un niño travieso puede tomar una piedra y pensar en lo divertido que sería romper una ventana con ella. Inmediatamente después de lanzar la piedra, es probable que piense: «Oh, no. Oh, Dios, lo siento».

¿Lo ha de perdonar Dios? Por supuesto que sí. ¿Detendrá Dios esa piedra en el aire y hará que caiga al suelo de manera segura? Improbable.

Las Escrituras dicen que el personal del palacio temía estar cerca de su rey en ese tiempo tan doloroso. Caminaban de puntillas, temerosos de mencionar al bebé. El llanto y el ayuno de David los asustaba. Cuando el bebé murió, presenciaron lo inconsolable que estaba el monarca. Sin embargo, la reacción de David los sorprendió. David se levantó del suelo, se bañó, se cambió de ropa y fue al tabernáculo a adorar al Señor.

Después de un año de pecados ocultos y cargando una abrumadora culpabilidad, seguido de siete días de sufrimiento y súplica desesperada por la vida de su hijo, David había llegado a un momento en el que podía decir: «Sí, he pecado y todo ha sido expuesto... Sí, he sufrido y mi hijo ha pagado el precio máximo. Ahora, la noche ha terminado y es hora de que comience a sanar. Voy a lavarme la cara y a encontrarme con Dios».

Al final de esa terrible semana, la gracia redentora de Dios se apodera del hombre conforme al corazón de Dios. David regresa con su esposa Betsabé, la consuela y hace el amor con ella y, una vez más, ella quedó embarazada. Cuando nació su hijo, a quien llamaron Salomón, Natán llegó de nuevo al escenario real. Esta vez su mensaje no fue una reprimenda. Esta vez dijo que Dios llamaría a su nuevo bebé Jedidías. Es la única vez que ese nombre aparece en la Biblia. Significa «amado del Señor».[1] En otras palabras, Dios dijo: «Como ves, todavía te amo y amo a este bebé». Dios le mostró a David tanto su terrible juicio como su maravillosa gracia.

Dios puede azotarnos. Puede que nos castigue dolorosamente, pero no guarda rencor. Dios no se enoja con usted ni le dice: «Ya te borré de mi lista; terminé contigo para siempre». En algún momento, Dios dice: «Está bien, te dije lo que quería decirte. Te he reprendido; te he castigado; ahora déjame bendecirte con mi gracia».

Salomón, el futuro rey y constructor del templo, fue la gracia de Dios para David y Betsabé.

Arrepentimiento genuino

Alguien me preguntó una vez: «¿Cómo se sabe si el arrepentimiento de un hombre es genuino?». Una buena pista que indica que hay sinceridad, por parte del pecador, es si la intensidad de su arrepentimiento coincide con la magnitud de su pecado. Su arrepentimiento puede no ser tan público como el de David. Puede que ni sea expuesto. La intensidad, el profundo quebrantamiento del alma cuando se arrepiente, es la clave.

¿Qué podía hacer David para mostrar arrepentimiento al mismo nivel que la denuncia pública de Natán? No podía publicar un anuncio en el periódico. Un sacrificio especial tampoco parecía lo correcto. ¿Abdicar? Dios fue el que puso a David como rey, por lo que este no tenía derecho a retirarse. No existía el juicio político. ¿Cómo pudo David no solo hacer pública su confesión, sino recordarla de tal manera que nadie olvidara jamás lo que hizo o cómo se arrepintió?

David, el salmista, sabía exactamente lo que tenía que hacer. Un día le entrega un trozo de pergamino al músico principal y le dice: «He escrito una canción, quiero que reúnas al coro y la canten para todos. Reúne a una gran multitud para ello».

El músico principal dice: «Genial. Me encanta. Echemos un vistazo».

Agarra el pergamino de David, comienza a leerlo y ve a su rey con desconcierto después de leer la introducción. Torpemente, lee todo el salmo antes de responder:

> **Al director musical. Salmo de David, cuando el profeta Natán fue a verlo por haber cometido David adulterio con Betsabé.**
>
> Ten compasión de mí, oh Dios, conforme a tu gran amor;
> conforme a tu inmensa bondad, borra mis transgresiones.

Lávame de toda mi maldad y límpiame de mi pecado. Yo reconozco mis transgresiones; siempre tengo presente mi pecado.

Contra ti he pecado, solo contra ti, y he hecho lo que es malo ante tus ojos; por eso, tu sentencia es justa, y tu juicio, irreprochable. Yo sé que soy malo de nacimiento; pecador me concibió mi madre. Yo sé que tú amas la verdad en lo íntimo; en lo secreto me has enseñado sabiduría. Purifícame con hisopo, y quedaré limpio; lávame, y quedaré más blanco que la nieve. Anúnciame gozo y alegría; infunde gozo en estos huesos que has quebrantado. Aparta tu rostro de mis pecados y borra toda mi maldad. Crea en mí, oh Dios, un corazón limpio, y renueva la firmeza de mi espíritu. No me alejes de tu presencia ni me quites tu santo Espíritu. Devuélveme la alegría de tu salvación; que un espíritu obediente me sostenga. Así enseñaré a los transgresores tus caminos, y los pecadores se volverán a ti. Dios mío, Dios de mi salvación, líbrame de derramar sangre, y mi lengua alabará tu justicia. Abre, Señor, mis labios, y mi boca proclamará tu alabanza. Tú no te deleitas en los sacrificios ni te complacen los holocaustos; de lo contrario, te los ofrecería. El sacrificio que te agrada es un espíritu quebrantado; tú, oh Dios, no desprecias al corazón quebrantado y arrepentido. En tu buena voluntad, haz que prospere Sión; levanta los muros de Jerusalén. Entonces te agradarán los sacrificios de justicia, los holocaustos del todo quemados, y sobre tu altar se ofrecerán becerros.

—SALMOS 51

El músico principal finalmente mira a David y le dice: «Su Majestad, no podemos cantar esto. Todos sabrán de qué se trata. Todos hemos estado dispuestos a olvidar eso. ¿No podemos hacer esto? ¿No podemos simplemente olvidarlo? Ya nadie habla de Urías. Betsabé ya es su esposa; tiene un hermoso bebé. ¿No podemos dejar todo eso atrás?».

David el Grande le dice con autoridad: «Lo cantarás. Lo cantarás cada vez que te diga que lo cantes. Cuando esté muerto y me haya ido, quiero que sigas cantando esto. Quiero que se recuerde mi pecado por siempre, para que todos sepan lo que hice. Más importante aún, sabrán de mi arrepentimiento y la gracia de Dios derramada sobre mí a pesar de mi miserable pecado».

David no le dejó otra opción a su músico principal. Tres mil años después, tal como lo deseaba David, la gente todavía lee este enriquecedor y profundo poema escrito por un hombre quebrantado pero perdonado; poema que recuerda la depravación del hombre y la insondable gracia del Dios todopoderoso.

Enfoque del líder: Tres lecciones de arrepentimiento del Salmo 51

Las disculpas sinceras y el verdadero arrepentimiento son escasos e infrecuentes. Recibimos negaciones, mentiras, excusas, evasiones y, en el raro caso en el que se pronuncie una disculpa, a menudo es en forma de un tweet de 140 caracteres muy poco entusiasta «Lo siento si te ofendí».

Los atroces pecados de David no se olvidan ni siquiera tres mil años después, principalmente porque él no quería que los olvidáramos. Cometió asesinato y adulterio, pero su verdadero carácter, su verdadero corazón, se revela no en su pecado, sino en el salmo que escribió. En este gran salmo, David nos dio tres lecciones específicas sobre lo que es el verdadero arrepentimiento.

Primero, David recordó su propio pecado para que todos los que leyeran la Biblia lo supieran hasta el fin de los tiempos. Por eso dijo: «No quiero que nadie olvide lo que hice».

Segundo, David dijo: «He pecado. Reconozco mis transgresiones». El Salmo 51 trata sobre los pecados de David. No se menciona a Urías, como si se hubiera ido a dormir con su esposa y estuviera todavía vivo. No hay información sobre por qué Betsabé se bañaba desnuda en la azotea sin que nadie la viera. De hecho, no se la menciona en lo absoluto. «Lo siento, pero me hiciste enojar» no es una disculpa sino una acusación velada. «Lo siento, pero mi compañero de cuarto me hizo...» es una cortina de humo, no un acto de confesión. La confesión y el arrepentimiento deben ser todo sobre usted y lo que hizo.

Tercero, aunque David comenzó su confesión con el enfoque correcto de sus pecados, la concluyó dirigiendo la atención a la gracia de Dios. «Purifícame de mis pecados... quita la mancha de mi pecado. Devuélveme el gozo de tu salvación» (vv. 7, 9, 12). Tres milenios después de su muerte todo, acerca de David, nos asombra. Lo más sorprendente de todo fue la manera en que David se aferró a la gracia de Dios. Su teología sobre el perdón, la limpieza y la renovación es asombrosamente neotestamentaria en su lenguaje y su tono. Mil años antes de Cristo, David escribió una declaración de arrepentimiento y gracia tan clara como la del Nuevo Testamento.

¿Quién es este David del que hemos leído durante tres mil años? ¿Un adúltero? Sí. ¿Un asesino? Sin lugar a dudas, David nunca refutó eso. ¿Fue también perdonado, redimido y restaurado por Dios? Absolutamente.

TERCERA PARTE

NOCHE

———

DAVID FUE UN fiel servidor del rey Saúl, un guerrero intrépido, un músico ungido, un estratega brillante, un poeta talentoso y un hombre arrepentido conforme al corazón de Dios; pero era absolutamente horrible con la familia. Aun más allá de los problemas inherentes de la poligamia y el adulterio, la mayor debilidad familiar de David fue su crianza tan pobre. David fue mucho mejor rey que padre.

La última temporada de la vida de David no es «felices para siempre». Sus últimos años deberían haber sido años de paz, prosperidad y bendición. Debería haber cosechado las recompensas de sus primeros años de sacrificio. Sin embargo, se enfrentó a otra guerra civil, esta vez liderada por su propio hijo, enfurecido y amargado. Incluso en los últimos días de su vida debe defraudar un complot político que es demasiado irreal para haber sido inventado. Finalmente, desde su lecho de muerte, David dictó una lista de blancos, igual que un mafioso. En las últimas décadas del reinado de David, este rey fue puesto a prueba en formas que nunca se imaginó. Durante esos dolorosos años, David compuso algunas de las palabras más sinceras y desgarradoras jamás escritas.

Sin embargo, al final, David todavía es llamado un hombre conforme al corazón de Dios. Esto debe significar que, a pesar de todo, realmente amaba a Dios más que a nadie ni a ninguna otra cosa.

CAPÍTULO 12

PADECIMIENTO, POLÍTICA Y POLIGAMIA

Basado en 2 Samuel 13—16

D AVID DEBE VERSE en el contexto de la época en que vivió. No hay otra forma más objetiva de estudiar a este hombre que en ese marco de referencia. No era un cristiano del siglo veintiuno, vuelvo a insistir, y no se le puede exigir que cumpla las expectativas que tenemos con un hombre de Dios en la actualidad. Era un barón de la guerra al final de la Edad de Bronce, el rey guerrero de una nación que luchaba por sobrevivir. También era polígamo, tenía varias esposas e incluso mucho más concubinas. Sobra decir que, en cualquier hogar polígamo, existen serias y hasta graves complicaciones.

La poligamia era algo común en la época de David, pero nunca fue el mejor ni el más elevado plan de Dios para la vida conyugal. Dios siempre fue claro en cuanto a su voluntad para el matrimonio: un hombre y una mujer. La poligamia lo complica y politiza —con sus parcialidades— todo. La familia del polígamo es un pantano de mujeres conspiradoras y medios hermanos que compiten por el amor, la aprobación y la herencia del hombre que comparten.

Dios trató con David en la era en la que vivió. David, por su parte, caminó a la luz de lo que había, que incluía la poligamia. Eso no significa que Dios protegió a David de los efectos desastrosos de la poligamia. Las múltiples familias de David se convirtieron en la fuente del mayor dolor en sus últimos años. El fruto de su estilo de vida polígamo surgiría y perseguiría a David y su imperio por el resto de su vida. Lo peor comenzó con la lujuria de un joven por su propia media hermana.

AMNÓN Y TAMAR

El hijo mayor de David, Amnón, creía que se había enamorado de su media hermana Tamar. De hecho, no era más que una obsesión sexual. Consciente de que su padre nunca le permitiría casarse con su media hermana, Amnón ideó un plan perturbador con el fin de violarla.

Amnón fingió estar enfermo y afirmó que no podía levantarse de la cama. Cuando su padre le preguntó qué podría hacerlo sentir mejor, Amnón dijo: «Si mi querida hermana Tamar pudiera venir y prepararme algo de comida aquí, al lado de mi cama, y dármelo de su mano, estoy seguro de que me sentiría mejor».

Esto es evidentemente absurdo, pero David —sin explicación alguna— accedió a la solicitud de su hijo, por lo que envió a Tamar a hacer lo que su hermano le pidió. El rey, ciertamente, no había olvidado aquella noche ocurrida tantos años atrás cuando preguntó «ingenuamente» el nombre de Betsabé y ordenó que se la buscaran. Ante la extraña petición de Amnón de que su hermana lo alimentara con su propia mano, David debió haber sospechado algo o, al menos, haber tenido alguna sensación intuitiva de que aquella situación era extraña, de que algo andaba mal, pero —de todos modos— accedió.

David pasó por alto sus propias dudas e, ignorando su sexto sentido, envió a su hija al dormitorio de su hijo. El horrible resultado fue una conclusión inevitable.

Después que Amnón violó a la virgen Tamar, la desterró de su presencia. A las hijas vírgenes de David se les permitía usar un vestido multicolor en público, pero Tamar sabía que no tenía más remedio que rasgar su traje —en público— cuando salió del dormitorio de Amnón, señal de que ya no era virgen. Así que le rogó a Amnón que le preguntara a su padre si podían casarse, pero Amnón ya no podía soportar verla y la obligó a irse en desgracia.

Tamar también tenía otro hermano de padre y madre, Absalón. Su madre fue Macá, hija del rey de Guesur. Al ver a su hermana rasgar su túnica y echarse cenizas en la cabeza, Absalón trató de consolarla. Ella le contó todo lo ocurrido; entonces, él la sacó del palacio y la llevó a vivir en su casa. Tamar tuvo algo así como un ataque de nervios siendo una mujer joven y soltera; por lo que estuvo afligida por el resto de su vida. De modo que nunca más dejó la protección de la casa de su hermano mayor.

La versión de la Biblia Reina Valera dice que David «se enojó mucho» con Amnón. La Nueva Versión Internacional afirma que el rey David «se enfureció» cuando se enteró de la violación de Tamar por parte de Amnón (2 Samuel 13:21). Esta última es una expresión más fuerte que se usa para describir las emociones de David y es la misma que se emplea para describir a Caín antes de que matara a su hermano por celos (Génesis 4:5). La misma palabra también se emplea para describir a los hijos de Jacob, en Génesis 34, cuando se enteran de que su hermana había sido violada (v. 7 RVR1960).

¿Qué hizo el intrépido guerrero David cuando se enteró de la violación incestuosa en su propia familia? Absolutamente nada. Mientras Absalón protegía a su amada hermana, su odio por su medio hermano Amnón se exacerbó. La negativa de su padre a castigar a Amnón llevó a Absalón al límite. Como mínimo, David debería haber metido a Amnón en la cárcel. Según la ley judía, debía haber sido ejecutado. Para sorpresa de muchos, David no hizo nada, nada más que convertir a su hijo Absalón en su enemigo.

LECCIÓN DEL VIEJO DOCTOR MARK

Hay momentos ideales para mostrar gracia, pero hay otros que no. Si usted los confunde, realmente dañará su propio liderazgo.

Con sus hijos, sus empleados u otras personas bajo su liderazgo, habrá ocasiones en las que tendrá que ser amable, cariñoso y afable. Asimismo, habrá oportunidades en las que tendrá que dejar el martillo. Es esencial para todos los involucrados que disciernan cuándo hacer qué. La tendencia del legalista siempre será exponer y castigar cada pecado. Ello debe estar moldeado con gracia. La inclinación de David a dejar pasar las cosas con cierta indiferencia fue un desastre.

Cuando el liderazgo no hace nada por proteger a los oprimidos, alimenta la ira de aquellos que luego toman la ofensiva. Después de dos años de consolar a su angustiada hermana, la ira de Absalón se desenfrenó, no conoció límites. Era claro que David no iba a hacer nada para castigar a Amnón, por lo que Absalón planeó su venganza.

Entonces Absalón celebró un banquete, una noche, e invitó a todos los hijos de David —incluido Amnón— a celebrar la ocasión en que sus ovejas fueron esquiladas y obtuvo una gran ganancia. A última hora de la noche, cuando Amnón ya estaba borracho, Absalón chasqueó los dedos y sus soldados inmediatamente apuñalaron a Amnón hasta matarlo. De modo que estalló el pánico y los hermanos restantes huyeron por sus vidas.

La noticia de que Absalón había matado a todos sus hermanos —a todos los hijos de David— le llegó al rey. Este estaba afligido por el dolor. De forma que se rasgó la ropa y cayó postrado al suelo. No mucho después de que David recibió ese mensaje erróneo, su sobrino Jonadab pudo aclararle que solo Amnón había sido asesinado. Para entonces Absalón había huido.

Amnón merecía ser ejecutado por la violación de Tamar, pero esa ejecución debía ser ordenada por el rey David, no llevada a cabo años después por un hermano vengativo. Ahora que uno de sus hijos había matado a otro, los errores no terminaban para David. Él no se había ocupado completamente de Amnón. Para colmo, ahora no sabía cómo lidiar con el letal Absalón.

La sed de sangre de Absalón no terminaría con la muerte de Amnón. Lo que le pasó a Tamar fue algo horrible. David no lo gestionó con sabiduría ni justicia como rey o padre. Aun así,

Absalón tomó el asunto en sus propias manos y vivió el resto de su vida en ira y rebelión. Al final, fue destruido por su propia rabia asesina. Aunque Amnón estaba muerto, la venganza no hizo que Absalón se sintiera mejor. No estaba satisfecho. Ahora quería más sangre, la de David. Absalón huyó de Jerusalén, pero pasó sus años en el exilio planeando su regreso y su rebelión.

LECCIÓN DEL VIEJO DOCTOR MARK

Llegará un día en que alguien hará algo que no le guste a usted o algo que no apruebe. Es de esperar que no lo mate como hizo Absalón, pero hay otras formas en las que podría tejer un lienzo de venganza, rebelión o sedición. Si lo hace, este será el fin para usted como lo fue para Absalón. Si forja una vida de rebelión alrededor de los pecados de otra persona, eso le destruirá. El universo es injusto. La vida no es justa. Opte por vivir una vida de integridad y carácter, y las injusticias de la vida no le robarán el poder sanador de Dios.

Al final de tres años de exilio, Absalón inició una campaña para que lo invitaran a Jerusalén. Su ayudante en eso era Joab, lo cual es intrigante. Joab era un ser humano severamente tóxico. Si David era el alguacil Wyatt Earp, Joab era su amigo el pistolero Doc Holliday (hablando en términos de un escenario estadounidense del siglo diecinueve). La tierna compasión familiar no era el punto fuerte de Joab. De modo que le dijo a David: «Escucha, sé que Absalón mató a Amnón. Eso estuvo mal y lo odio, pero no puedes dejar que tu hijo viva fuera de Israel por el resto de su vida. Por favor, considera invitarlo a regresar».

David estuvo de acuerdo y permitió que Absalón regresara a Jerusalén. Una vez más, sin embargo, surge la tendencia de David a hacer las cosas a medias. Permitió que Absalón regresara a Jerusalén, pero no al palacio ni mucho menos a su presencia. David nunca castigó completamente a Amnón. Por tanto, nunca perdonó completamente a Absalón, lo que habría implicado darle la bienvenida de regreso a casa con los brazos abiertos. En vez de eso, le dijo a su hijo: «Puedes volver a Israel, pero no quiero verte la cara». Absalón permaneció en un exilio emocional, incluso estando en Jerusalén.

Enfoque del líder: Lidie con el problema hasta el final.

Algún día usted puede tener un empleado o compañero o incluso un miembro de la familia que cometa una gran falta. Aproveche la oportunidad para mostrarles gracia si se someten al proceso. Por dicha lo harán y serán completamente restaurados. Si es así, usted tendrá un amigo leal de por vida. Si no es así, si eligen no someterse al proceso, tiene que llegar un momento en el que usted los afronte, hasta el final. Si va a cortarle la cola al perro, no lo haga por pedacitos.

Esto puede ser lo más difícil de aprender para los líderes jóvenes. A veces, despedir a un empleado es un acto de amor. «Te amo tanto que no voy a permitir que sigas adelante en este tipo de vida negligente, autoindulgente y sin carácter. Te amo tanto que tienes que experimentar esta herida».

La disciplina firme es importante para que el que la necesite no pierda la confianza en su liderazgo. La falta de disciplina convence a los empleados pobres de que usted nunca cumplirá. Es ingenuo pensar que pasar por alto un mal desempeño cambiará a cualquiera. Si presionan repetidamente el asunto hasta la línea roja e incluso la cruzan, y usted no actúa, perderán la confianza en su propio carácter, por lo que su comportamiento empeorará.

Más importante aún, cuando usted se niega a abordar el problema en cuestión de la manera adecuada, otros seguidores se preguntarán qué le pasa a usted. Pensarán que o no puede ver el problema o que cierra los ojos deliberadamente. Tal vez crean que la persona que merece la disciplina ejerce algún tipo de dominio sobre usted. «¿Por qué el rey no se ocupa de esto?». «¿Por qué el pastor no despide a este tipo?». «¿Por qué el presidente no libera a esta persona?».

David no pudo tratar con sus hijos. Nunca se ocupó de Amnón por violar a Tamar, por lo que Absalón tomó el asunto en sus propias manos. Luego se negó a tratar con Absalón y permitió que el exilio autoimpuesto de este fuera la solución. Finalmente, David permitió que Absalón regresara a Jerusalén, pero no al palacio. La disciplina incompleta seguida de un perdón parcial puso a la familia de David y a su nación en peligro.

No cometa los mismos errores. Lidie con el problema por completo. El liderazgo firme, robusto y redentor paga grandes dividendos.

Después de tres años en un exilio en el extranjero y dos años de silencio en Jerusalén, Absalón aún no podía superar la violación de su hermana. Incluso lo recordó dándole el nombre de ella a su propia hija Tamar. Este no parece haber sido un gesto dulce ni fraternal, sino el acto amargo de un hombre vengativo. Lo que Amnón le hizo a Tamar fue horrible. Hecho que, trágicamente, Absalón dejó que envenenara su espíritu con odio y rebelión.

Absalón ideó un nuevo plan de venganza que solo podría cumplirse si se renovaba su relación con su padre, pero el rey aún se negaba a verlo. Absalón sabía a quién *necesitaba; había apelado a Joab anteriormente con éxito, y sabía que podía hacerlo de nuevo. Esta vez, sin embargo, Joab se negó a responder a ninguno de los correos electrónicos de Absalón. Una y otra vez, Joab se negó a responder. La solución de Absalón fue prender fuego al campo de cebada de Joab.*

Un Joab confundido y enojado exigió una respuesta. «¿Por qué quemaste mi campo?».

La respuesta de Absalón fue fría. «Responde tus correos electrónicos».

LECCIÓN DEL VIEJO DOCTOR MARK

La reacción exagerada a sangre fría es un claro indicio de que algo está realmente mal. La reacción emocional exagerada es una señal de peligro. Sería prudente prestar atención cuando alguien incendie el campo de usted porque no responda a sus correos electrónicos. Esa es una persona que hay que considerar con cuidado. Algo malo tiene por dentro. Ignore eso y sufrirá por ello.

ABSALÓN EL DEMAGOGO

Ni Joab ni David sospecharon de las verdaderas intenciones de Absalón al buscar la reentrada al palacio. Las espeluznantes tendencias piromaníacas de Absalón debieron haberles advertido. Sin embargo, Absalón fue invitado a regresar a la casa de David.

El hijo mayor del monarca, el príncipe heredero, ahora restaurado en el reino, no perdió tiempo para poner en marcha la siguiente fase de su motín. Las Escrituras dicen que «Pasado algún tiempo, Absalón consiguió carros de combate, algunos caballos y una escolta de cincuenta soldados» (2 Samuel 15:1). En sus desfiles personales por la ciudad, las trompetas sonaban aclamándolo y sus lacayos gritaban: «¡Viene Absalón!». Era un espectáculo engreído y vanidoso. Absalón era sorprendentemente atractivo y lo sabía. Quería que los ojos de Israel estuvieran puestos en él, no en David.

Cuando alguno deseaba llevar un caso al rey para que pasara el juicio, Absalón intervenía y escuchaba sus historias, luego les decía: «¡Tienen un caso realmente sólido aquí! Lástima que el rey David esté tan atrasado. Él no puede oírle y no nombrará a un representante para que le escuche. Ojalá pudiera yo ser ese juez. Con seguridad, fallaría a favor de usted».

En vez de estar agradecido por poder volver a casa, Absalón se convirtió en un demagogo despiadado. Aprovechó cada oportunidad para poner a David en una mala posición. Por ejemplo, se negó a permitir que la gente se inclinara ante él. Inclinarse era la manera apropiada y aceptada de reconocer a un alto funcionario como el príncipe heredero. En vez de eso, Absalón les decía: «A mi padre le gustan ese tipo de cosas, pero a mí no. Ven aquí a mi carro y dame un beso». Eso no era humildad. Estaba usando un acto de informalidad para hacer que, en contraste, David quedara mal.

Asimismo, el beso no era un acto homosexual sino un signo de amistad en Medio Oriente. Absalón estaba explotando un deseo natural de tener una relación cercana e íntima con un miembro muy poderoso y atractivo de la familia real. Absalón también afirmó estar dispuesto a luchar por ellos y por sus causas. Absalón no era el buen tipo que pretendía ser. De hecho, era un rebelde insidioso que esperaba no tan pacientemente el momento adecuado para lanzar su última trampa mortal.

LECCIÓN DEL VIEJO DOCTOR MARK

No se convierta en el asociado que capta la admiración de la junta directiva con el fin de ser el presidente de la misma. No se convierta en el pastor de jóvenes que le roba el corazón a la congregación para que piensen que usted debería ser el pastor principal. Esta es una forma inapropiada de captar o robarse la admiración que debe enfocarse en su líder. Una persona así es sediciosa, rebelde y destruye todo a su paso.

Durante cuatro años Absalón le robó el corazón a la gente de su padre hasta que por fin supo que había llegado el momento para el ataque final. Absalón solicitó otra reunión con su padre y le explicó: «Mientras vivía en Guesur, temiendo regresar a Jerusalén debido a mis grandes pecados, le prometí al Señor que, si alguna vez me recibían en casa, volvería a nuestro antiguo hogar de Hebrón a ofrecerle sacrificios. ¿Estaría bien si regresara allí ahora para cumplir el voto que le hice a nuestro misericordioso Señor?».

David debe haber estado orgulloso de la devoción de Absalón al Señor. Ciertamente estaba agradecido de tener a su hijo en su presencia una vez más. No había ninguna razón para rechazar la humilde solicitud de Absalón. Hebrón fue la ciudad que coronó por primera vez a David como rey. Confiaba en que los ancianos también recibirían a su hijo. David no tenía idea de cuán bienvenido sería Absalón en Hebrón.

Absalón no ofreció sacrificios a Dios. No cumplió ninguna promesa excepto el amargo voto de vengarse de su propio padre. Cuando el príncipe heredero llegó a Hebrón, rápidamente hizo correr la voz de que había comenzado una rebelión contra el rey. El príncipe de las tinieblas a quien todos habían llegado a amar en esos últimos años ahora estaba listo para robarle el trono a su propio padre anciano. Muchos se unieron a Absalón; tantos, de hecho, que pronto tuvo un ejército más grande en Hebrón que el que tenía David en Jerusalén.

Ya era demasiado tarde cuando David se dio cuenta de la rebelión de su hijo.

Así que, humillado, tomó la dolorosa decisión de evacuar Jerusalén antes de que Absalón llegara para tomarla por la fuerza. David no quería ver la capital destruida por una guerra civil. Él amaba a Jerusalén. Además, sabía que el ejército de Absalón era más grande. Su única esperanza era retirarse al desierto de Judea.

Eso debe haber sido terriblemente humillante para David el Grande. Su propio hijo promovió una rebelión al poner en su contra a muchos de sus principales líderes, consejeros y grandes guerreros. El rey y el resto de su ejército tuvieron que escabullirse de la ciudad como perros asustados. Cuando la abandonaron con tristeza, un hombre llamado Simí, miembro de la familia de Saúl, maldijo a David y le arrojó piedras al desconsolado rey.

Abisay, que nunca se mostró reacio a matar a un idiota, pidió permiso para quitarle la cabeza a Simí.

Siempre impredecible, David se negó a permitir que nadie matara al hombre. «Si mi propio hijo desea matarme, ¿Por qué no debería hacerlo este pariente de Saúl?», les explicó David a los soldados leales que lo acompañaban. «No lo mates. Ni siquiera le impidas que arroje piedras. Quizás esté hablando por Dios. Tal vez no. Aún no lo sabemos. Siempre podemos matarlo más tarde, después de saber lo que Dios está haciendo en todo esto».

Con eso, el anciano rey regresó al desierto de su juventud, donde esperaría una vez más a que un enemigo odioso lo cazara.

Enfoque del líder: Preste atención cuando sienta que una situación no es la correcta.

La pregunta evidente es la siguiente: ¿Se pudo haber evitado el desastre? Amnón había violado a Tamar. Absalón asesinó a Amnón y odió a David por no castigar nunca a su hermano. El odio ardiente de Absalón por su padre llevó a una rebelión muchos años después que expulsó a David de su reino y puso a un tirano mezquino y vengativo en el trono de Israel. ¿Se podría haber evitado todo eso?

David debió haber sentido que algo andaba mal cuando el «enfermo» Amnón le pidió a su hermosa hermana Tamar que cocinara para él junto a su cama y le diera de comer. Debió haber negado tal solicitud pero, al contrario, parpadeó. Se negó a prestar atención a su propia voz interior.

Preste atención a su discernimiento. Escuche al Espíritu Santo hablándole a su corazón. Cuando sienta que una situación no es buena, cuando tenga esa sensación intuitiva de que algo no está bien, tómelo en cuenta. Cuestione la situación. Busque un consejo sabio. Lo más importante es que acuda a Dios con sus preocupaciones. Pregúntele si lo que siente es de él o si es solo nerviosismo.

Cuando sienta que algo anda mal, pise el freno. Sin duda, al pensar en eso, David debió haber deseado haber prestado atención. Al escuchar la extraña solicitud de Amnón con respecto a Tamar, David ignoró esa presunción, esa voz interior, y el resultado fue una pesadilla. Su hija fue violada, un hijo fue asesinado y otro lideraba una rebelión contra su propio padre.

Los grandes líderes escuchan su propia voz interior. Hace tres mil años, un gran rey no lo hizo, y una gran tragedia le sobrevino a toda una nación.

CAPÍTULO 13

EL JUEGO DE UN JOVEN

Basado en 2 Samuel 16—19

L A VIDA A la carrera, la vida en el desierto, es un juego de jóvenes, y cuando era joven David lo jugaba tan bien como es posible hacerlo. Su ejército privado creció al igual que su leyenda, convirtiéndose así en el hombre más famoso del país.

Sin embargo, una generación más tarde, la situación era muy diferente. Ya no era un joven guerrero sino un rey envejecido, David volvió a ser fugitivo en el implacable desierto. Esta vez debido a que su propio hijo había encabezado una rebelión y lo había expulsado de Jerusalén.

¡Qué humillación para un rey! ¡Qué vergüenza para un padre! David había conquistado a los mayores enemigos de Israel y había hecho alianzas con otros enemigos menores. Sin embargo, no pudo evitar que su propio hijo liderara un motín contra él.

Escondido en el desierto por segunda vez en su vida, David el salmista inmortalizó lo que Dios le estaba enseñando en ese valle de su existencia:

> Muchos son, SEÑOR, mis enemigos; muchos son los que se me oponen, y muchos los que de mí aseguran: «Dios no lo salvará». Pero tú, SEÑOR, me rodeas cual escudo; tú eres mi gloria; ¡tú mantienes en alto mi cabeza! Clamo al SEÑOR a voz en cuello, y desde su monte santo él me responde. Yo me acuesto, me duermo y vuelvo a despertar, porque el SEÑOR me sostiene. No me asustan los numerosos escuadrones que me acosan por doquier. ¡Levántate, SEÑOR! ¡Ponme a salvo, Dios mío! ¡Rómpeles la quijada a mis enemigos! ¡Rómpeles los dientes a los malvados!
>
> Tuya es, SEÑOR, la salvación; ¡envía tu bendición sobre tu pueblo!

—SALMOS 3

En la carrera de nuevo

Cuando el rey David se sentó por primera vez en el trono en la nueva capital de Jerusalén, el acto inaugural y el más relevante fue enviar a buscar la sagrada arca del pacto de Dios para llevarla a la ciudad. David creía que con ella vendrían las bendiciones desbordantes de Dios. Años más tarde, envenenado de amargura tras la violación de su hermana, el primer acto del autoproclamado rey Absalón fue despreciable.

Sin saber si alguna vez regresaría a Jerusalén, David dejó diez de sus concubinas para mantener el palacio en orden. Las concubinas no eran exactamente esposas, pero seguían siendo una parte oficial y respetable de la familia. Cuando Absalón se enteró que su padre había dejado a aquellas mujeres, instaló una tienda en el tejado del palacio y, una por una, violó a cada una de las concubinas de David a la vista de toda la ciudad. Su intención era humillar completamente a su padre y enviar un mensaje a todos los que permanecían leales a David —y que quedaban en Jerusalén— para que supieran que él y su padre nunca se reconciliarían; y que ahora él era su nuevo rey. Más allá de eso, fue un horrible acto de venganza por la violación de su hermana Tamar.

LECCIÓN DEL VIEJO DOCTOR MARK

La falta de perdón no lastima a la persona a la que usted se niega a perdonar. La falta de perdón solo lo envenena a usted. El odio de Absalón echó raíces después de que Amnón violara a Tamar. Después de que David no castigó a Amnón, el odio de Absalón se convirtió en veneno puro hasta que Absalón se convirtió en lo mismo que él odiaba: un violador. Si usted se niega a dejar sus heridas, estas —al final— devastarán matrimonios, destruirán hogares, arruinarán ministerios y llevarán a la destrucción a

empresas. Sin embargo, reciba el poder sanador de Dios
y camine en el perdón que él le extiende.

Aunque David había abandonado Jerusalén y dejado las puertas de entrada del palacio abiertas de par en par para Absalón,
no estaba del todo listo para el cementerio ni incluso para una
jubilación anticipada. Hubo varias razones por las que dejó
Jerusalén. Primero, David nunca había defendido una ciudad.
Había sido un atacante toda su vida, siempre a la ofensiva. De
todas las estrategias militares en las que él se destacó, la guerra
de asedio defensivo no fue una de ellas. De modo que decidió que
lo mejor para él era huir de Jerusalén antes que llegara Absalón.
Eso le daría tiempo para reagruparse. Viviría para luchar otro
día. En segundo lugar, el desierto de Judea era el arma secreta de
David. En tercer lugar, no quería que Jerusalén fuera destruida.

David tenía la experiencia suficiente para saber que incluso
un revés como ese no significaba la derrota definitiva. Huir de
Jerusalén no fue su fin. Una curva en el camino no es el final del
mismo a menos que usted no pueda girar, y David no cometería
ese error. Había sufrido un revés horrible y humillante, pero no
sería derrotado.

Descansado, reagrupado y restaurado por Dios, planeó
su ataque. Decidió usar la misma táctica que había derribado
a Goliat. David atraería al más fuerte y favorecido Absalón al
desierto. Eso le dio la ventaja al ejército guerrillero más pequeño,
pero letal, de David.

Dividió su ejército en tres grupos, cada uno con su propio
general. Uno fue dirigido por Joab, otro por Abisay, hermano
de Joab, y un tercero por Itay el guitita. David tenía la intención
de entrar en batalla con ellos, pero rápidamente lo disuadieron.
«Absalón realmente solo quiere matarle», le dijeron sus hombres.
«Si lo hace, sería lo mismo que matarnos a diez mil. Por favor,

mi señor, no le dé esa oportunidad. Estamos dispuestos a luchar contra nuestros hermanos hebreos por una sola razón: restaurarlo al trono. Si muriera hoy, entonces todo este derramamiento de sangre sería en vano».

David se sometió conscientemente a la sabiduría de sus generales y envió las tres divisiones al bosque de Efraín. Sin embargo, les dio una orden firme: «No maten a mi hijo».

Cuán confuso debe haber sido ese mandato para aquellos que estaban dispuestos a dar su vida para volver a colocar a David en el trono. Absalón no podía ser restaurado. Estaba más allá del arrepentimiento. Eso estaba terminado. Absalón había forjado ese engaño horrible durante años con el objetivo de armar una rebelión contra su padre. Humilló a David al capturar la ciudad capital y luego violar a diez de las concubinas de su padre. Era claro que Absalón se había ido al límite, pero David ordenó a su ejército que no lo matara.

LECCIÓN DEL VIEJO DOCTOR MARK

Tenga cuidado con su punto ciego. No importa cuán gran líder sea usted, no importa qué maravillosa visión, creatividad y habilidad pueda tener, siempre hay un punto ciego que su enemigo aprovechará al máximo si puede. Para David, fue su hijo. David se negó a admitir en quién se había convertido Absalón.

Tal como había hecho el rey cuando era un niño frente al gigante, su insuficiente ejército esperaría a que el arrogante Absalón fuera a pelear con ellos. Una vez más, David comprobó ser un gran estratega. Absalón tenía un ejército más grande, pesado y esforzado, pero mal preparado para la guerra en el desierto. También controlaba la capital. Un oficial militar más sabio con esas ventajas no habría llevado a su ejército a un desierto para enfrentarse a un cuerpo de guerrilleros para quienes el desierto era un segundo hogar. Absalón estaba tan desesperado por derrotar a David que perdió toda razón. Las tres divisiones de David rodearon y flanquearon al ejército de Absalón. Como lo describe 2 Samuel 18: «La lucha fue intensa aquel día: hubo veinte mil bajas. Sin embargo, los soldados de David derrotaron allí al ejército de Israel. La batalla se extendió por toda el área, de modo que el bosque causó más muertes que la espada misma» (vv. 7-8).

David había manipulado al gigantesco ejército de Absalón en un terreno tan desfavorable que los soldados realmente tropezaban en las grietas y caían por los acantilados. Hubo piedad en eso para las tropas de David. Recuerde que este enemigo no eran veinte mil filisteos o amalecitas. Eran compañeros judíos. El plan de David de atraerlos a un terreno difícil significó que más de la mitad de las muertes fueron el resultado del paisaje accidentado más que de la espada de sus hermanos hebreos.

Como David había pedido, su ejército no trató intencionalmente de hacerle daño a Absalón. Sin embargo, en un momento de la batalla después que el resultado se hizo claro, el joven Absalón estaba tratando de escapar cuando ocurrió una de las escenas más irónicas de la Biblia.

Absalón, que fue descrito como el espécimen perfecto de un hombre, se cortaba el cabello solo una vez al año y solo porque era demasiado pesado para llevarlo. Así que ahora, al tratar de escapar de la batalla huyendo lo más rápido que pudo en una mula, el hermoso y suelto cabello de Absalón se enganchó en la hendidura de un gran roble al pasar por debajo. Su mula siguió adelante, dejando a Absalón colgando del árbol por el pelo que no se cortaba porque era demasiado vanidoso. Los soldados de David cumplen su palabra y se abstienen de matar a Absalón. Sin embargo, informan a su comandante, Joab.

Joab se queda estupefacto: «¿Quieres decir que está colgando de su cabello, indefenso, y tú lo dejaste ahí? Él tiene que morir. ¡Ahora!».

Los soldados le recuerdan a Joab la única petición de David: «¡No pudiste hacer que traicionara la orden del rey David por mil piezas de plata! ¿Recuerda lo que David les hizo a los tipos que mataron al rey Saúl? ¿Y el rey Isboset? No vamos a cometer el mismo error. De ninguna manera vamos a desobedecer a David».

Joab entendía sus razones e incluso podía respetarlos por ello, pero sabía que tenía que hacer lo que David no haría. Así que ordenó a sus hombres que le mostraran al bandido que colgaba. Joab, que nunca tuvo reparos en matar, tomó tres flechas y las disparó al corazón de Absalón. Entonces diez soldados sacaron sus espadas y las hundieron una y otra vez en el cuerpo del usurpador.

Victoria y dolor personal

Como David prestó atención a la insistencia de sus soldados en cuanto a no ir a la batalla, no tenía idea del resultado. Por su parte, Joab envió inmediatamente a un corredor a David con la noticia de los acontecimientos del día. El mensajero llegó al campamento de David regocijado: «¡Todo está bien! ¡El Señor ha tratado severamente a todos los que se opusieron a ti!». La respuesta inmediata de David fue: «¿Qué pasó con el joven Absalón? ¿Está bien?».

LECCIÓN DEL VIEJO DOCTOR MARK

Los padres que lean esto sabrán exactamente de qué estoy hablando aquí. Si aún no tiene hijos, confíe en mí. Un día lo entenderá. Sus hijos nunca crecen ante los ojos de usted. No importa lo que hayan hecho, cómo hayan vivido o cómo le hayan herido, sus bebés siguen siendo sus

bebés. El deseo de un padre de levantar a sus hijos, abra-
zarlos fuerte y prometerles que todo estará bien nunca
disminuye. Para todo Israel, Absalón era un rebelde peligroso que merecía morir pero, para David, Absalón era el
pequeño bebé que alguna vez durmió pacíficamente en
los brazos de su papá.

«¿Y el joven Absalón?». David preguntó por su hijo como
si fuera un pequeño inocente. El ingenuo mensajero no se dio
cuenta de la preocupación del padre por su hijo y anunció con
orgullo: «¡Que todos tus enemigos, tanto ahora como en el futuro, sean como ese joven!».

Al enterarse de la noticia de la muerte de su hijo, David se
sintió abrumado por el dolor y rompió a llorar. La noticia del
dolor del rey se extendió por todo el ejército. Un manto húmedo
de tristeza ahogó la alegría de la victoria.

Los soldados leales de David se habían quedado con su rey
cuando nadie más lo haría. Aunque los aldeanos al borde del
camino arrojaban piedras a David y lo maldecían, sus soldados
lo amaban y permanecían fieles. Arriesgaron sus vidas para restaurar al legítimo rey. Ahora, con la victoria en la mano, el abru-
mador dolor de David los avergonzaba. Así que se escabulleron
de regreso a Jerusalén con la cola metida entre las piernas cuando deberían haber sido elogiados en un desfile por la victoria.

Fue tanto el estupor que Joab no pudo soportar más. Así
que le habla a David de una manera que nadie más se atreve-
ría. «Escucha», comienza, mientras se acerca al rey angustiado.
«Estás arruinando toda esta victoria. Tus fieles soldados arriesgaron sus vidas. Mataron por ti. ¿Crees que la rebelión que
tuviste frente a ti no se la debes a Absalón? Estos hombres te
han sido leales, han luchado por ti y no has hecho nada más que
cubrir sus rostros de vergüenza. Has hecho que los vencedores

se sientan como si hubieran perdido. ¿Habría sido más feliz si todos hubiéramos muerto y Absalón hubiera vivido?».

David ve su error. «Por supuesto, eso no me habría hecho más feliz», admite David. «Tu victoria de hoy probablemente salvó mi vida y la de mis esposas, concubinas e hijos. Sé que eso salvó mi trono».

Sin embargo, Joab no termina con eso y continúa: «Absalón era un asesino rencoroso, vengativo e impenitente que debía ser ajusticiado. Hasta tú, tuviste que exiliarte una vez. ¿Y cómo resultó eso? Yo sabía que no lo matarías, así que lo hice con mis propias manos. No importa que fuera tu hijo; esta nación está mejor sin él. Ahora bien, si no sales a ese balcón y saludas a la gente y conviertes este día de duelo en una celebración, perderás tus tropas ante el primer hombre que les muestre aprecio por su leal servicio».

En eso el padre, aun con su gran dolor, reconoció la sabiduría de Joab y caminó entre sus soldados y su gente, felicitándolos a todos por la gran victoria de Israel. David fue reinstalado como rey de Israel, pero su dolor particular era inmenso.

Enfoque del líder: Habrá momentos en los que tendrá que lidiar con sus propias heridas en privado y no sangrar por sus seguidores.

Ser líder es a veces un camino solitario. En ocasiones, el aislamiento es la única forma de lidiar con las cargas del liderazgo. Habrá momentos en que la vida le obligue a entrar en su habitación, caer de bruces y derramar su dolor solo ante Dios. Entonces llegará el momento en que tendrá que levantarse, lavarse la cara, caminar de regreso al mundo y ser el líder que su gente necesita. Esta verdad no les va a caer bien a algunos. Sin embargo, escuche esto: si va a ser un líder indeciso, es mejor que nunca se ponga ese título.

A menudo se dice que la gente quiere ver transparencia en su liderazgo, pero la transparencia está infinitamente sobrevalorada. No estoy hablando de ser un farsante o un hipócrita. Simplemente digo que tiene que lidiar con su propio dolor en privado, con usted mismo. Su familia puede ser herida, puede que usted esté herido, su corazón puede estar clamando, sin embargo, debe haber ocasiones en las que camine entre la gente y ministre a los que están bajo su autoridad. Habrá ocasiones en las que, aunque apenas pueda pararse erguido, saldrá y dirá que todo va a estar bien.

David perdió a su hijo, un hecho terrible para cualquiera. Sin embargo, sus soldados arriesgaron sus vidas y derramaron sangre para volver a colocar al rey ungido de Dios en el trono. Jerusalén permaneció intacta debido a la sabia decisión de David de abandonar la ciudad. Israel estaba una vez más bajo el liderazgo del rey más grande que jamás haya conocido. Había infinitas razones para regocijarse y celebrar, pero David temporalmente trajo vergüenza a todos al lamentar en público la pérdida de un asesino y violador.

A pesar de su dolor propio, debe (más rápido de lo que probablemente le gustaría) llegar al punto en que pueda lidiar con su propio dolor en privado mientras muestra gratitud a los demás. Los grandes líderes saben cuándo salir al balcón, saludar como un mandatario y decir: «Muchas gracias por su ayuda, aliento y fortaleza».

Usted no puede desangrar a su rebaño si quiere que confíen en su liderazgo.

CAPÍTULO 14

EL PATÍBULO EN LA MONTAÑA

Basado en 2 Samuel 20—21

UN INSIDIOSO EFECTO indirecto de la rebelión es que incluso si esta fracasa, la confianza en el liderazgo se ve afectada. Las rebeliones siembran temor y cuestionamientos en los corazones y las mentes de muchos que ni siquiera participar en ellas. «Si él no quiere aguantar al jefe, tal vez yo tampoco». «Si el presidente cede a sus demandas, es probable que haga lo mismo por mí». «Si el propio hijo del monarca no creía en su padre, tal vez ya no debería ser rey».

La rebelión de Absalón murió rápidamente, al igual que el propio Absalón, pero las mentiras que el enemigo de David difundió por todo Israel sobrevivieron. Por años, el príncipe heredero había sembrado dudas y descontento. «Lástima que mi padre esté demasiado ocupado para escuchar tu historia, porque definitivamente yo fallaría a tu favor». La demagogia envenena las mentes y fomenta la rebelión. Inevitablemente, algunos corazones se volvieron contra David, corazones que había tratado de guiar con misericordia, sabiduría y gracia.

SABÁ

Mientras David regresaba a Jerusalén, algunas de esas mentes amargadas y ponzoñosas continuaron creyendo las mentiras de Absalón. Uno de esos rebeldes obstinados fue un benjamita llamado Sabá. A este Sabá le molestaba que un rey judío de Belén ocupara el trono en lugar de Saúl, su paisano benjamita. También estaba amargado porque David había trasladado la capital de Guibeá a Jerusalén. Convencido de que a David solo le importaba Judá, Sabá corrió la voz entre las otras tribus: «David es judío. Todos los líderes que lo rodean son judíos. Todos los generales son judíos. Los sacerdotes también. ¿No podría al menos haber dejado la capital en Guibeá? Este tipo no es el rey de todo Israel; ¡él solo se preocupa por Judá! ¡No lo necesitamos!».

David apenas llegó a casa, en Jerusalén, cuando comenzó otra rebelión y una guerra civil. Sabá había podido convencer a los israelitas ajenos a la tribu de Judá para que se unieran a él en esa revuelta. El ejército de Sabá, tal como estaba, acampó en una ciudad fortificada y se preparó para la guerra.

El rey David todavía tenía dos ejércitos dedicados a él. Uno era su propio ejército privado, dirigido por Joab. Estos veteranos habían luchado por David y Joab durante treinta años desde que se organizaron en las cuevas de Adulán. David también tenía el ejército de Judea, que era más nuevo pero menos experimentado. El general de este ejército era Amasá. Consciente de que necesitaría a todos los soldados disponibles para luchar contra esa segunda rebelión, David envió a Amasá a organizar sus tropas. «Tienes tres días, Amasá, para reunirlos y encontrarte con Joab y su ejército», instruyó el rey.

Ya sea que caminó cuando debería haber corrido, o que sus soldados tardaron en organizarse, o si fue una sutil declaración de rebelión, Amasá llegó tarde a la cita con Joab. Joab, que era un tipo de cuidado, decidió aclarar que cuando el rey dice tres días, quiere decir tres días, sin excepciones.

Joab se acercó a su colega general y fingió entusiasmo por la reunión. «Amasá, mi hermano, ¿cómo estás?». Cuando el general se inclinó para abrazar a su cuñado, Joab agarró la barba de Amasá con la mano derecha para dar la impresión de que deseaba saludarlo con un beso, pero en la mano izquierda sostenía una daga con la que abrió a Amasá. La Biblia describe la escena gráficamente: «sus entrañas se derramaron por el suelo» (2 Samuel 20:10). Eliminado. Incluso entonces, Joab se negó a acabar con él, dejando que Amasá se desplomara en el suelo desangrado frente a los ejércitos de Joab y Amasá.

Todo porque llegó tarde a una reunión.

El cuerpo retorcido de Amasá dejó en claro el punto de Joab. Obedece las órdenes del rey. Cualquier otra cosa significaba la muerte.

Joab no dijo absolutamente nada. ¿Por qué lo iba a hacer? Sus acciones hablaron lo suficientemente claro. Así que volvió con mucha frialdad a su caballo y se dirigió en dirección a Sabá. Como las tropas todavía estaban tratando de entender lo que acababa de suceder, uno de los jóvenes oficiales de Joab tiró el cuerpo de Amasá a un lado del camino y dijo: «Si estás con Joab, síguenos».

No es de extrañar la reacción de los soldados. Inmediatamente todos fueron con Joab.

LECCIÓN DEL VIEJO DOCTOR MARK

Cuando el rey, o el jefe u otra persona que Dios haya puesto en autoridad sobre usted diga tres días, se refiere a tres días: setenta y dos horas, no noventa y seis ni incluso setenta y cinco. Si le dicen que se presente a las 8:00, llegue a las 7:55, no a las 8:05. Aprenda del error de Amasá.

La puntualidad puede parecer, a primera vista, una virtud arcaica en la era de la información. De hecho, se está volviendo más importante, no menos. En un pasado no muy lejano, el tema de los negocios era que «los grandes se comen a los pequeños». Ya no. Ahora el rápido se come al lento.

En un mundo donde la velocidad es la victoria, el tiempo es dinero. Si llega tarde a una reunión conmigo, me está diciendo claramente que mi tiempo vale menos que el suyo. Nadie quiere hacer negocios en esos términos. Mientras usted actúa tímidamente, mientras vacila y pospone las cosas, un chico inteligentísimo presiona el botón de «enviar» y ya es demasiado tarde. Esté ahí. Esté listo.

Esté allí preparado, en posesión de los hechos y armado para la batalla.

Sin embargo, esta historia no se trata solo de puntualidad. Se trata de la aparición del mal. Amasá se había unido a una rebelión: la de Absalón.

Sorprendentemente, Amasá había sobrevivido a eso. Perdonado por David, había sido recibido nuevamente en el redil e incluso restaurado a una posición de gran responsabilidad.

Si alguna vez tuvo que demostrar que respetaba la autoridad de David, si alguna vez necesitó desesperadamente comprobar plena lealtad y dedicación al reino de David, seguramente fue frente a esta nueva rebelión de Sabá. Al llegar tarde a la cita, dio a sus enemigos muchas razones para dudar tanto de su lealtad como de su liderazgo.

No todo el mundo va a discernir de inmediato lo maravilloso, leal, eficaz y virtuoso que usted es. Es posible que tenga algunos en el camino que deben ser conquistados. No les dé pruebas de que sus dudas sobre usted son justificadas. Si se presenta sin preparación, llega tarde a su trabajo o no da lo mejor de sí mismo, puede aprender por las malas lo que el hijo de David, Salomón, quiso decir cuando escribió: «El perezoso ambiciona, y nada consigue; el diligente ve cumplidos sus deseos» (Proverbios 13:4).

Cuando Joab y su ejército, ahora unificado, encontraron a Sabá dentro de la ciudad fortificada de Abel Betmacá, la rebelión fue reprimida tan fácilmente como Joab podría haberlo esperado. El trabajo duro fue realizado por una mujer influyente en la ciudad. Ella convenció a las personas adecuadas de que la justicia y la seguridad correspondían a David y Joab, no a Sabá.

Momentos después, arrojó la cabeza de Sabá por encima del muro hacia Joab. Y eso fue eso. Se acabó la rebelión.

Con esta buena noticia informada a David, el rey debió haberse dicho a sí mismo: «Ahora, por fin, seguro que finalmente tendré esa temporada de paz que he estado esperando».

No. No fue tan Rápido.

LA HAMBRUNA

El capítulo 21 de 2 Samuel comienza así: «Durante el reinado de David hubo tres años consecutivos de hambre. David le pidió ayuda al SEÑOR, y él le contestó: "Esto sucede porque Saúl y su sanguinaria familia asesinaron a los gabaonitas"» (v. 1).

En Josué 9, los gabaonitas habían engañado a los israelitas invasores para que les perdonaran la vida, un arreglo que Josué y los otros líderes habían ratificado con un juramento. Aunque los gabaonitas habían logrado su supervivencia por medios un tanto sinuosos, Dios toma los juramentos en serio. Saúl rompió ese juramento y mató a algunos gabaonitas. Décadas más tarde, todo Israel estaba sufriendo una hambruna debido al pecado de su rey anterior.

LECCIÓN DEL VIEJO DOCTOR MARK

Esta historia de la hambruna y los gabaonitas representa la teología del antiguo pacto, por lo que es difícil para nosotros entenderla. Dios se ocupó de ello más tarde en Jeremías 31:30 cuando dijo: «Al contrario, al que coma uvas agrias se le destemplarán los dientes, es decir, que cada uno morirá por su propia iniquidad». Sin embargo, todavía hay una manera de que el mal sin arrepentimiento y sin resolver vuelva a usted. Cualquier cosa que pueda arreglar, arréglela bien. Todo lo que pueda devolver, devuélvalo. Si tiene que disculparse con alguien, no lo dude. Arregle sus cosas. Pague sus cuentas. No deje que las cosas negativas floten en el universo. Ellas están obligadas a volver y golpearle en la cabeza.

Dios no le dijo a David lo que debía realizar para hacer la restitución. Sin embargo, el rey sabio fue a ver a los gabaonitas en persona y les preguntó: «¿Cómo podemos arreglar las cosas con ustedes puesto que Saúl rompió su juramento y mató a algunos de sus antepasados hace muchos años?».

Entonces ellos le dijeron a David: «Con dinero no lo arreglaremos. En vez de eso, necesitamos que nos traigan siete descendientes de Saúl para que podamos ejecutarlos nosotros mismos. Esto pagará la deuda que Israel nos debe».

David entendía la ley. Comprendía los juramentos, las deudas y las retribuciones. Tenía en alta estima las expectativas puestas en los hijos de Israel. De modo que vio la petición de los gabaonitas como algo sensato y sabía que era mejor no negarse a aceptarla ni negociar un castigo menor.

Años antes, David había hecho un voto con su amigo Jonatán, el hijo de Saúl, de protegerse siempre el uno al otro y a los hijos del otro. Después de la muerte de Jonatán, el joven rey de Israel honró ese pacto al invitar al hijo lisiado de Jonatán, Mefiboset, a vivir con él como familia. No había forma de que David hiciera restitución por un voto roto rompiendo otro, por lo que Mefiboset no se ofreció como sacrificio. En cambio, llevó a los gabaonitas a cinco nietos de Saúl y dos de sus hijos sobrevivientes, cuya madre era la concubina de Saúl, Rizpa.

Los gabaonitas aceptaron la ofrenda de David y colgaron a los siete hombres en la montaña cuando comenzaba la cosecha de cebada. Curiosamente, las Escrituras son claras con respecto a cuándo terminó Dios con el hambre, pero no fue cuando dejó de respirar el último de los siete hombres ejecutados. Uno podría pensar que la hambruna habría llegado a su fin de inmediato, como cuando la ocasión en que los marineros lanzaron a Jonás al mar y la tormenta se calmó (Jonás 1:15). Sin embargo, ese no fue el caso en esta ocasión. Al contrario, Dios tenía planes para una historia más hermosa.

Rizpa sabía que era impotente para evitar la muerte de sus dos hijos. Todo lo que podía hacer, lo hizo. Día tras día, noche tras noche, la afligida madre guardaba fielmente los cuerpos de sus hijos. Durante el día evitaba que los buitres rasgaran sus cuerpos y por la noche dormía con un ojo abierto para ahuyentar a los animales salvajes. Ella se negó a renunciar a sus hijos. No le importaba lo que pensaran los demás, tampoco permitió que la vista ni el olor de los cadáveres en descomposición le impidiera proteger los cuerpos de los hijos que amaba.

LECCIÓN DEL VIEJO DOCTOR MARK

El amor de Rizpa por sus hijos, su fe vigilante incluso más allá de la muerte, es una imagen tan poderosa de intercesión diligente y llena de oración como la que hay en la Biblia. Es una historia inhumana e incómoda para predicar. Es un predicador poco común que está dispuesto a exaltar a la complicada esposa de un rey malvado para ilustrar cómo es una madre fiel y devota. No obstante, es cierto que Rizpa se negó absolutamente a renunciar a sus hijos. Su dedicación desinteresada es un modelo para los padres modernos.

Cuando David se enteró de la intercesión de Rizpa por sus hijos durante tantos meses, recogió los huesos de Saúl y Jonatán que el pueblo de Jabes de Galaad había recuperado después de su muerte, así como los cuerpos de los dos hijos de Rizpa, y los enterró juntos en la tumba de Quis, padre de Saúl, en la ciudad benjamita de Zela. «Después de eso», nos dicen las Escrituras, «Dios acabó con el hambre en la tierra» (2 Samuel 21:14).

La restitución por el pecado de Saúl se pagó y la intercesión de una madre vigilante llevó a un entierro honorable de los hijos de una concubina en la misma tumba que el primer rey de Israel.

Ahora. No más rebelión. ¿Correcto? No más hambruna. ¿Correcto?

Finalmente, David pudo ponerse en pie en sus últimos años, ¿cree usted eso?

Por supuesto que no. Vuelven los filisteos... otra vez. Ellos odiaban personalmente a David, incluso más que lo que odiaban a Israel. Quizás ahora —razonaron— el rey ya envejecido sería una presa más fácil.

Al principio, el canoso David trató de revivir los días de las guerras en su juventud cuando dominaba completamente a los filisteos. Sin embargo, después que un hijo de Goliat —otro gigante llamado Isbibenob— convocó a una batalla, los soldados de David le suplicaron a su rey: «¡Por favor, déjanos pelear esta guerra! Si te matan, será el final para nosotros». De modo que el sabio rey se sometió y permitió que los soldados más jóvenes pelearan su guerra.

LECCIÓN DEL VIEJO DOCTOR MARK

Llega un momento en que los generales tienen que quedarse en la colina y mirar a través de los binoculares. A todo el mundo le gusta la romántica idea de que un general lleve a su ejército a la batalla, pero llegará el momento en el que será mejor enviar a los jóvenes a luchar. Un oficial de la Fuerza Aérea de Estados Unidos me dijo una vez que llega un momento en el que tienes que dejar de volar y empezar a entrenar pilotos.

Solo después de que David cedió y regresó al campamento, descubrió a cuántos cazadores de gigantes había inspirado. Anteriormente, Abisay había matado al gigante que arrinconó a David. Más tarde, en la ciudad de Gob, Sibecay mató a otro hijo de Goliat llamado Saf, y Eljanán derribó al hermano de Goliat. Cuando la batalla se trasladó a la capital filistea de Gat, el sobrino de David, Jonatán, derribó a otro hijo gigante de Goliat que tenía doce dedos en las manos y doce en los pies. David mató a un gigante. Su influencia en una generación convirtió a otros en asesinos de gigantes.

Con los gigantes muertos y los filisteos conquistados una vez más, David y los israelitas regresaron a Israel. Esta campaña contra los filisteos, dicho sea de paso, es lo que finalmente acabó con la dominación filistea en el Medio Oriente.

Con el tiempo, las culturas paganas de los edomitas, amalecitas, amorreos, hititas y filisteos se mezclaron en un grupo completamente derrotado y sometido que juntos asumieron el nombre de «filisteos». Nunca más fueron una seria amenaza militar.

Enfoque del líder: El enemigo puede tener más gigantes que los que usted cree. No tiene que matarlos a todos usted solo.

El apóstol Pedro nos advirtió: «Practiquen el dominio propio y manténganse alerta. Su enemigo el diablo ronda como león rugiente, buscando a quién devorar» (1 Pedro 5:8). Este león, este enemigo de nuestras almas, es implacable. Nunca dejará de intentar derribarnos.

Justo cuando David pensó que había visto al último de los filisteos, estos atacaron de nuevo. Cuando pensó que hacía mucho tiempo que se había enfrentado y derrotado al gigante más grande de su vida, más gigantes atacaron.

El joven David fue lo suficientemente viril como para derribar a Goliat, así como a muchos otros filisteos en sus primeros días de batalla. El anciano David necesitaba soldados más jóvenes para matar nuevos gigantes.

Si ha pasado su vida de liderazgo reuniendo a aquellos que están dispuestos a unirse a su causa, no tiene que matar a todos los gigantes usted solo. Dios le traerá aquellas personas que fortalecerán su mano y serán una parte vital de su equipo de liderazgo. Reafírmelos con elogios. Enséñeles. Entrénelos. Disciplínelos. Tarde o temprano, sin embargo, debe permitirles que encuentren su propia fuerza. Que encuentren su propio lugar en la batalla.

Nunca ceda a la envidia de los jóvenes asesinos de gigantes que ha entrenado. Ese fue el error de Saúl. En vez de eso, agradezca por ellos. El enemigo puede tener más gigantes de los que usted cree. Llegará el día en que no podrá matarlos solo.

Recuerde también que de la misma manera que el líder tiene la culpa cuando las cosas van mal, cuando todo va bien, se lleva el crédito. David no mató ni siquiera a uno de esos últimos cuatro gigantes filisteos. De hecho, ni siquiera estuvo en el campo de batalla durante la muerte de tres de ellos. Sin embargo, 2 Samuel 21 termina con «Esos cuatro gigantes ... cayeron a manos de David y de sus oficiales» (v. 22).

Cuando esté en el liderazgo, comparta la carga y el crédito. Y no se preocupe. Dios le iluminará con mucha luz.

DAVID, EL EJECUTIVO

En todo lo que se ha enseñado y escrito sobre David, rara vez se mencionan sus considerables habilidades gerenciales. A partir de una milicia de granjeros y seiscientos guerrilleros siniestros, forjó un ejército nacional fenomenalmente exitoso, e hizo una nación de tribus dispares y, a veces, en guerra.

El libro Primero de Crónicas capítulos 22 al 29 nos da una mirada a David el Grande, el ejecutivo. Casi al final de una carrera asombrosa, en un momento en que muchos ejecutivos están listos para jubilarse y pasar sus últimos años disfrutando del ocio, David prepara a la nación para su propia muerte.

Estos capítulos, si bien constituyen una lectura bastante tediosa, muestran a un ejecutivo David dedicando desinteresadamente su fuerza que se desvanece con rapidez a la transición que se avecina.

Se preparó para la construcción del templo.

Aunque Dios no permitió que él lo construyera, reunió el material necesario para la obra. Repasó cuidadosamente los planos con Salomón, con mucho detalle y entregó el proyecto y todo el vasto material que había acumulado. Seguramente sabía que ni la historia ni la Biblia le daría crédito. El templo nunca se llamaría Templo de David. Iba a ser el Templo de Salomón y David lo sabía.

También demostró su notable capacidad para recaudar fondos.

Recaudó una cantidad fenomenal para el templo con un profesionalismo asombrosamente moderno. En primer lugar, hizo un inventario claro de lo que el gobierno ya había comprado.

Es más fácil recaudar dinero si no se comienza desde cero. Enumeró oro, plata, bronce, hierro, piedras preciosas de todo tipo y mármol, lo que había reunido con fondos estatales.

Luego abrió el camino con su propia generosidad. Puedo decir, una generosidad increíble. Anunció que estaba dando tres mil talentos de oro y siete mil talentos de plata refinada. Quienes afirman saber tales cosas dicen que esto ascendió a unos diez mil millones de dólares. Dejaré la aritmética a otros. Lo que diré es esto. Podría haber sido mucho menos de diez mil millones y aun así haber sido una fortuna que David dio de su propio patrimonio.

A continuación, pidió a los líderes que dieran el ejemplo. Su propia generosidad marcó el ritmo, por lo que dieron un paso al frente, a lo grande. Miles de talentos.

Finalmente, se dirigió a la gente.

Al ver que el gobierno, el rey y los líderes habían hecho su parte, la gente dio «de buena gana y con gran alegría». Una estimación sitúa el costo total del templo en cincuenta y seis mil millones de dólares. ¡Eso es lo que yo llamo una verdadera campaña financiera!

Reestructuró cuidadosamente las comunidades artísticas, religiosas y financieras.

Estableció la organización de músicos (nunca fácil de organizar), los sacerdotes e incluso los porteros. También estableció contadores para el tesoro nacional y gerentes para empresas estatales. Se aseguró de que hubiera supervisores capacitados para administrar las considerables empresas agrícolas de la nación. Incluso reestructuró los consejos tribales. Por último, creó un gabinete, un consejo asesor y equipos de seguridad nacional para ayudar a su sucesor.

Nada de eso es tan emocionante como matar gigantes o derrotar vastos ejércitos filisteos, pero revela un aspecto subestimado y menospreciado del genio de David. David el Grande no fue solo un visionario carismático. Fue un entrenador por excelencia.

CAPÍTULO 15

EL SALÓN DE LA FAMA

Basado en 2 Samuel 23

VER AL VERDADERO Rey David, su intrincado trabajo interno, sus altibajos y sus profundas complejidades psicológicas, es ver a un hombre que no encajará en una pizarra de fieltro de escuela dominical. Además, debemos preguntar: «¿Cuál es el trato con David?».

La pregunta queda por responder. «¿Cómo puede llamarse a David, un hombre conforme al corazón de Dios?». Sí, tenía sangre hasta en los codos. Mató a miles de personas, no todas en combate. Una vez trajo devastación a su nación. No era bueno para el matrimonio. Educó mal a sus hijos, además de que cometió adulterio y asesinato.

Sin embargo, de alguna manera, al final de esa vida complicada, David permaneció firme en el Señor. Él nunca le mintió a Dios, ni a sí mismo ni a su nación acerca de lo que era. Confesó en oración, en papel y en público que era una mezcla de muchas cosas. David no era perfecto y quería que esto se recordara para siempre. En cambio, el Dios al que servía era perfecto, y David lo publicaba cada vez que tenía la oportunidad. Él fue el que dijo: «Cuando le fui infiel a Dios, él me fue fiel. Aunque no pude criar bien a mis propios hijos, él me crió bien. El Señor ha permanecido firmemente como escudo y refugio para mí, y mi corazón permanece firme en él».

En los últimos años de David, su espada fue dada de baja y sus pasos audaces se convirtieron en los pasos lentos y cautelosos de los ancianos. Rara vez paseaba por la azotea en las tardes. Al contrario, pasaba sus horas nocturnas con su equipo de transición y transcriptores documentando las últimas palabras y deseos del mayor rey de Israel. El legado mixto de David el Grande continuaría impactando vidas a lo largo de la historia al señalar a otros no a sus complicados setenta años sino hacia el Dios que ungió a un niño como rey.

LAS ÚLTIMAS PALABRAS

«Estas son las últimas palabras de David», comienza diciendo 2 Samuel 23:1. Sin embargo, eso no significa que estas fueron las últimas palabras que pronunció antes de dar su último aliento. Más bien significa que David, habiendo reconocido que se acercaba al final de su vida, había llamado a su lado a un historiador y deseaba redactar un resumen, una clase de testamento final. No se estaba legando nada exactamente. Era la memoria final de un rey decidido a que todos supieran la verdad. No es de extrañar que incluso al final de su vida, David comenzara este resumen con una canción:

«Oráculo de David hijo de Isaí,
   dulce cantor de Israel;
hombre exaltado por el Altísimo
   y ungido por el Dios de Jacob.

»El Espíritu del Señor habló por medio de mí;
   puso sus palabras en mi lengua.
El Dios de Israel habló,
   la Roca de Israel me dijo:
"El que gobierne a la gente con justicia,
   el que gobierne en el temor de Dios,
será como la luz de la aurora
   en un amanecer sin nubes,
que tras la lluvia resplandece
   para que brote la hierba en la tierra".

»Dios ha establecido mi casa;
   ha hecho conmigo un pacto eterno,
   bien reglamentado y seguro.

Dios hará que brote mi salvación
   y que se cumpla todo mi deseo.
Pero los malvados son como espinos que se desechan;
   nadie los toca con la mano.
Se recogen con un hierro o con una lanza,
   y ahí el fuego los consume».

—2 SAMUEL 23:1-7

A pesar de todo lo que había logrado para Israel durante su reinado, David se negó a acreditarse la gloria a sí mismo. Para David, todo había sido obra de Dios, lo cual vemos en sus palabras: «David... hombre exaltado por el Altísimo y ungido por el Dios de Jacob. El Espíritu del SEÑOR habló por medio de mí» (vv. 1-2).

Fue Dios quien mató al león, al oso y a Goliat. Fue Dios quien mantuvo a David a salvo todos esos años huyendo de Saúl. Fue Dios quien fortaleció y expandió a Israel más allá de la imaginación de cualquiera, mientras la joven nación casi aniquilaba a los una vez dominantes filisteos. En este resumen final, David fue más que claro: la gloria de todo el éxito de Israel debía ser atribuida a Dios.

La versión Reina Valera traduce el versículo 5 como: «No es así mi casa para con Dios; sin embargo, él ha hecho conmigo pacto perpetuo...». En otras palabras, «aunque mi casa no está con Dios como debería ser, Dios nunca ha roto su pacto conmigo». Simple y llanamente, David hizo un mejor trabajo en la conducción de su país que en su casa, y no lo negó.

En 2 Samuel 7, incluso cuando Dios le prohibió a David que le construyera un templo, el Señor estableció un pacto con él: «Tu casa y tu reino durarán para siempre delante de mí; tu trono quedará establecido para siempre» (v. 16). Después de que se estableció ese pacto, David comenzó a perjudicar a la familia terrenal que Dios le había dado mediante su adulterio con Betsabé, su negativa a disciplinar a Amnón y la rebelión de Absalón. Independientemente de los fracasos de David, Dios se mantuvo fiel a su pacto con su siervo. David, el salmista, alabó la fidelidad infalible del Señor incluso desde su lecho de muerte.

LECCIÓN DEL VIEJO DOCTOR MARK

¿Cómo podemos conectar todo esto con 1 Timoteo 3:5? A pesar de los gigantescos errores del rey con su propia familia, ¿por qué eligió Dios a David? Con respecto a los que aspiran a convertirse en líderes de la iglesia, Pablo escribió: «Porque si un hombre no puede administrar su propia casa, ¿cómo puede cuidar de la iglesia de Dios?».

Pablo plantea un gran punto. Por supuesto, un hombre debe tener autoridad en su propia casa y hacer todo lo que pueda para administrar su familia. Sin embargo, versículos como 1 Timoteo 3:5, cuando se mezclan con el horizonte único y plano del legalismo, se vuelven no más, sino menos verdaderos y menos útiles frente a las complicaciones de la vida.

Es cierto que los líderes deben ser los mejores dirigentes que puedan en sus propios hogares. Aun así, sus seguidores no tienen autoridad para juzgar los pecados de los hijos del líder con el fin de invalidar su liderazgo.

Dios creó a Adán. Enseñó a Adán, lo instruyó y le dejó claras las reglas. Dios y Adán caminaron uno al lado del otro en el paraíso. Sin embargo, Adán pecó. Desobedeció a su Padre celestial. ¿Invalida eso el liderazgo de Dios en el universo?

Aunque dos padres amorosos pueden hacer absolutamente todo lo correcto para criar a su familia bajo la dirección de Dios, sus hijos tienen la prerrogativa

inalienable y dada por Dios de decidir sus vidas y ser res-
ponsables de sus propios pecados. Habiendo dicho todo
eso, David admitió en 2 Samuel 23 que no hizo todo bien,
pero Dios se mantuvo fiel a él.

¿Qué nos queda a nosotros? Un Dios misericordioso y
compasivo que no olvida su palabra. ¡A Dios sea la gloria!

Solo después de darle toda la gloria a Dios, David comenzó
a honrar a sus soldados leales para darles su merecida participa-
ción en los gloriosos triunfos de Israel. Un personal honorable
y humilde se apresurará a decir: «Somos hormigas. Realmente
no somos nada. Nuestro líder, él es el hombre. Él es el único que
debe ser reconocido». Asimismo, un líder honorable y humilde
les dirá a todos los que escuchen: «¡Mi equipo es extraordinario!
He contratado personas más inteligentes que yo, mejores que yo.
Miren todo lo que han logrado. Tenemos que asegurarnos de
que sean sus nombres los que aparezcan en el Salón de la Fama,
no el mío». Consciente de que se estaba quedando sin tiempo
para hacerlo, David se sintió obligado a asegurarse de compartir
la gloria con su equipo, algunos de los cuales habían estado con
él desde los primeros episodios en la cueva de Adulán.

David hizo una lista de treinta y siete hombres, miembros
del Salón de la Fama, cuya lealtad a David había impactado
su vida y dejado huellas en la historia. David comenzó su lista
recordando a Joseb Basébet, Eleazar y Sama, también conocidos
como «Los Tres», un círculo de élite de los hombres más poderosos de David. David no quería perder la oportunidad de mencionar algunas de sus mayores hazañas en la batalla, incluida
una ocasión en la que uno mató a ochocientos guerreros enemigos en una sola batalla con solo una lanza.

Luego contó las hazañas de Abisay y también de Benaías,
que mató a un león en un pozo en un día de nieve. Su edad y su

dura vida lo estaban alcanzando, David estaba ansioso por grabar esas historias. Estos grandes hombres eran parte de su historia y David no quería que se olvidaran de ellos.

LA HONRA A URÍAS

En algún momento, durante esta sesión narrativa con un historiador, es posible que el cansado y anciano David pidiera a otros que lo ayudaran simplemente a anotar los nombres del resto de sus hombres valientes. Deseaba poder contar las historias de todos ellos, pero al menos se aseguraría de que se registraran sus nombres para que, tres mil años después, la gente supiera a quiénes consideraba David sus hombres más fieles.

Podemos imaginar una escena en la que uno de los miembros de su personal se acerca a la cama de David y le dice: «Su Majestad, tenemos treinta y seis hombres enumerados hasta ahora. Treinta y seis soldados extraordinarios a quienes creemos que le gustaría incluir en la lista por su compromiso con usted y con Israel».

El debilitado rey levanta la cabeza de la almohada y extiende la mano. «Déjame ver la lista. Quiero asegurarme de que no te olvides de alguien».

Mientras lee la lista de nombres, sonriendo al recordar su fidelidad, David dice: «Sí, estos son los hombres más grandes con los que he trabajado. ¡Qué gran equipo! Que sus nombres sean recordados para siempre».

David examina la lista una vez más y la mira sombríamente. «Falta un nombre».

Todos a su alrededor miran las correas de sus sandalias, sabiendo exactamente de quién es el nombre que falta. Finalmente, alguien se atreve a responder: «Su Majestad, no tenemos que incluirlo en la lista. Realmente no lo haremos. No les recordemos a todos esta parte de su vida. Por lo demás, es como una pequeña mancha en la esquina de un lienzo hermoso».

Al instante, David les dice: «No, él debe ser agregado a esta lista. Yo le fui desleal, pero él me fue demasiado leal a mí. Él nunca pecó contra mí; yo pequé contra él. Agrega su nombre a la lista. Hazlo ahora, por favor. Y ni se te ocurra esconderlo en medio de todos estos nombres. Pon su nombre al final, donde nadie lo pueda perder de vista».

El versículo 39 enumera al trigésimo séptimo y último hombre leal que David quería asegurarse de que el mundo nunca olvidara: A Urías el hitita.

A pesar de toda su maldad, de todos sus pecados, de toda su complicada vida, David nunca fue un hombre que anhelara escapar de la realidad. Urías el hitita, el soldado fiel que con firmeza se negó a dormir con su esposa mientras sus compañeros dormían en el barro; el esposo de Betsabé, la mujer con la que David cometió adulterio; este mismo Urías el hitita fue uno de los hombres más valientes de David. El solo nombre era un recordatorio sobrio del tiempo oscuro y escandaloso en la vida del rey, ahora piadoso. David se había arrepentido, todos habían seguido adelante y el hijo de Betsabé, Salomón, estaba incluso en la fila como próximo rey. ¿Quién habría culpado a David por dejar el nombre de Urías fuera de la lista? Sin embargo, David no lo dejó fuera. Ese es David en su mejor versión.

Esta es la complejidad de David el Grande. No quería que sus pecados se escondieran en las páginas de la historia si eso significaba ocultar la lealtad de los demás o la gracia de Dios. Incluso al final de su vida, el corazón de David permaneció enfocado en Dios. Se negó a mentir sobre su condición personal. Por eso dijo: «Tengo de todo un poco, soy una mezcla. Lo admito. Me he equivocado de formas que hubiera creído inimaginables. Ni siquiera pude educar bien a mi propia familia ni abstenerme de asesinar a uno de mis mejores amigos. Quiero que lo escriban todo. Quiero que se recuerde que, aunque no fui leal a Urías, él me fue muy fiel. Aunque fui infiel a Dios, Dios permaneció fiel a mí».

Al final de la vida del rey más grande de la historia de Israel, con todas las marcas triunfantes de sus victorias y sus logros en su récord, David simplemente dijo: «Lo que es Dios, es más importante que lo que soy yo. Que se conozcan todos mis pecados para que nunca se olvide la gracia de Dios».

Enfoque del líder: El líder sabio sabe que no puede ganar sus batallas solo.

Toda la vida de David fue ungida por el poder sobrenatural de Dios. Desde aprender a tocar la lira, solo en el desierto, hasta escuchar al viento sobre las copas de los árboles de mora antes de atacar a los filisteos, la mano de Dios dirigió cada paso de la vida de David y lo guio de victoria en victoria. Segundo de Samuel 22 es la reflexión de David sobre toda la asombrosa obra que Dios eligió hacer a través del rey pastor: «Con tu apoyo me lanzaré contra un ejército: contigo, Dios mío, podré asaltar murallas ... Tú me armaste de valor para el combate; bajo mi planta sometiste a los rebeldes. Hiciste retroceder a mis enemigos ... Me has librado de una turba amotinada ... me sirve gente que yo no conocía» (vv. 30, 40-41, 44).

A lo largo del salmo y durante toda su vida, el tema de David fue «Dios, Dios, Dios», no «yo, yo, yo». David tenía claro qué era suyo y qué era de Dios. Sus pecados estaban sobre él; sus victorias estaban en Dios. David nunca negó eso, y nosotros tampoco deberíamos hacerlo.

En Isaías 42:8, Dios dijo: «Yo soy el SEÑOR; ¡ese es mi nombre! No entrego a otros mi gloria, ni mi alabanza a los ídolos». Si, como Saúl, un líder se llena demasiado de sí mismo, Dios puede levantar a un pastorcillo para que ocupe su lugar.

Como David, los grandes líderes le dan a Dios la gloria. También reconocen generosamente a los grandes hombres y mujeres que han compartido millas y batallas. Los grandes líderes se aseguran de que esas personas sean reconocidas por su trabajo. El gran rey israelita de cuarenta años que derribó gigantes y venció naciones se aseguró de que se enumeraran los nombres de los soldados que lo ayudaron a hacerlo.

Era David a quien amaban estos soldados, a quien eran leales y de quien estaban asombrados. David, sin embargo, dijo: «No, no fui yo. De ninguna manera. En primer lugar, fue Dios quien nos dio victoria tras victoria. En segundo lugar, estos son los hombres que se dedicaron a mí de maneras que nunca me atreví a preguntar, incluso cuando eso significaba dormir en cuevas y esconderse de Saúl. Si no fuera por ellos, habría pasado el resto de mi vida como un ermitaño en Adulán. Estos hombres maravillosos creyeron en mí y me animaron a encontrar fuerza en el Señor y recibir todo lo que Dios tenía para mí».

Un líder sabio siempre tendrá presente que todo lo que ha logrado, lo ha hecho por la gracia de Dios. Tampoco ha logrado sus victorias sin los hombres y mujeres leales que Dios puso a su lado.

CAPÍTULO 16

AMIGOS EXTRAÑOS

Basado en 1 Reyes 1

EN CIERTO SENTIDO, como ya lo he dicho, Dios se llevó la infancia de David. Cuando era un pastor demasiado joven para unirse al ejército, Dios usó a David para cambiar el rumbo de la guerra contra los filisteos y lo convirtió en una celebridad nacional. Mientras David se escondía en el desierto, Dios usó su tiempo en ese lugar inhóspito para fortalecer el ejército de David y debilitar a los enemigos de Israel.

Al final de su vida, este líder de alto impacto ni siquiera podía morir en paz. Mientras David yacía en su lecho de muerte, un complot bizantino se agitaba para frustrar la voluntad de David y secuestrar su herencia. Frente a ese complot, la política entretejió una extraña alianza de personajes. Un aliado amargado por mucho tiempo finalmente mostraría sus verdaderos sentimientos, un general hambriento de poder resultaría ser leal solo a sí mismo y un profeta se aseguraría de que el hijo de una adúltera se convirtiera en el próximo rey.

Esta maquiavélica intriga política se arremolinaba alrededor de David en sus últimos días.

David, el León de Judá, era ahora un anciano incapaz de mantenerse tibio.

EL REY ENFERMO

David había sido rey durante casi cuarenta años; treinta y tres de ellos de toda la nación de Israel. En términos actuales, son diez mandatos presidenciales de Estados Unidos (cuatro años cada lapso), al menos cinco presidentes en ejercicio diferentes. Durante cuatro décadas, David había sido el principal líder militar, político y religioso de Israel. Había un sumo sacerdote, así como profetas, pero fue David quien llevó el arca a Jerusalén. Eran las canciones de David las que la gente cantaba cuando adoraban. Aunque no era sacerdote, David estaba ciertamente en el centro de la cultura religiosa de Israel.

David estableció la ciudad capital de Jerusalén, habiéndola tomado de los jebuseos. En todas partes de la capital, la gente recordaba a David. Durante cuarenta años había sido su líder en todos los sentidos. Israel era David y David era Israel. Ahora en su septuagésimo año, David y todo Israel sabían que el futuro de la nación sin el liderazgo suyo tenía que ser considerado. David, nunca dado a la negación, enfrentó su mala salud y su edad con su franqueza característica. Sus sirvientes encontraron a una joven, Abisag, que se acostaba junto al rey para mantener calientes sus fríos huesos. Débil, afectado por la mala circulación y al borde de la muerte, el rey fue confinado a una cama mientras los infames complots surgían entre los que no temían, pero esperaban ansiosamente un Israel sin David.

LECCIÓN DEL VIEJO DOCTOR MARK

Uno de los momentos más complicados y peligrosos en la vida de cualquier iglesia es cuando el pastor renuncia o muere. Siempre hay alguien en la junta o en alguna posición de influencia que se ha quejado del pastor. Y en momentos como esos es que aprovecha la oportunidad para intervenir y salirse con la suya. Una iglesia que ha tenido un liderazgo pastoral sólido por veinte años puede estallar en pedazos durante la transición, cuando los egos son más grandes que los corazones para el ministerio. El mismo problema acecha a empresas y naciones. En el momento de la transición del liderazgo, el mal carácter, quizás oculto durante años, puede emerger con resultados devastadores.

El complot de Adonías

Ante la inminente muerte de David, el hijo de David —Adonías—, cuya madre era Jaguit, decidió que él sería el próximo rey. Las Escrituras dicen que Adonías «por lo tanto, consiguió carros de combate, caballos y cincuenta guardias de escolta» (1 Reyes 1:5).

¿Le suena familiar? Otro hijo de David, que aspiraba a asumir el trono, obtuvo carros, caballos y soldados, y galopó por la ciudad como si ya fuera rey. Ese otro hijo, por supuesto, fue Absalón, justo antes de que uniera a su ejército rebelde. Años más tarde, a pesar de la forma como terminó el vanidoso Absalón, Adonías intentó la misma táctica vanagloriosa. Aparentemente, no aprendió nada del desastroso intento de su hermano mayor de convertirse en rey. Seguramente había escuchado la historia del cuerpo de Absalón colgando de la rama de un árbol con un puño lleno de flechas atravesando su corazón. Sin embargo, Adonías no aprendió la lección.

David también, al parecer, había aprendido poco de sus errores anteriores con sus hijos. Años antes, no había logrado disciplinar a Amnón después de la violación de su hermana. Nunca se ocupó adecuadamente del asesinato de su hermano por parte de Absalón, y nunca disciplinó a Adonías. La Biblia dice: «Adonías era más joven que Absalón, y muy bien parecido. Como David, su padre, nunca lo había contrariado ni le había pedido cuentas de lo que hacía» (1 Reyes 1:6). En otras palabras, David echó a perder a Adonías. El gran rey de Israel dirigió todo el país con sabiduría y estrategia sobrenatural, pero no pudo lidiar con sus hijos.

Es fascinante leer acerca de la extraña coalición de fuerzas descrita en 1 Reyes 1:7: «Adonías se confabuló con Joab hijo de Sarvia y con el sacerdote Abiatar, y estos le dieron su apoyo».

Dado que copió una página directamente del libro de jugadas de Absalón sobre el modo de presentarse a sí mismo como rey, Adonías obviamente pensó bien en su hermano mayor. Si no, ¿por qué buscaría una alianza con Joab, el hombre que mató a Absalón? ¿La respuesta? Porque no puede reclamar el trono si no tiene poder militar, y preferiría unirse al asesino de su hermano que prescindir del poder.

Eso da origen a otra pregunta: ¿Por qué Joab estaría de acuerdo con ese complot? El sobrino de David había dedicado su vida a protegerlo, a liderar sus ejércitos y a deshacerse de cualquiera que se interpusiera en su camino. Ahora bien, ¿por qué, al final de la vida de David, Joab cambiaría la lealtad de un rey legendario por una a un peso ligero ambicioso y sinuoso? Una vez más, se trata de poder. Joab sabía que, si ayudaba a Adonías a convertirse en el próximo rey, el joven gobernante inexperto no tendría más remedio que mantenerlo a él encargado de las fuerzas armadas. De hecho, Joab sería aún más poderoso. No solo tendría el ejército en la palma de sus manos, sino que también mantendría al rey allí. Era demasiada tentación para un hombre que se había pasado la vida siendo el segundo plano de una leyenda.

LECCIÓN DEL VIEJO DOCTOR MARK

Tenga mucho cuidado con la persona que dice que puede hacerlo rey. Si puede hacerlo, también puede deshacerlo, y se lo recordará todos los días de su vida.

Además de Joab, Adonías también contó con la ayuda del sacerdote Abiatar. Puede que el nombre de Abiatar no resuene inmediatamente, pero su historia es importante. Al huir de Saúl, David recibió pan y la espada de Goliat de manos de Ajimélec, el sacerdote de Nob que era padre de Abiatar. Cuando Saúl se enteró de eso, los mató a todos, incluido el padre de Abiatar. Solo el joven Abiatar escapó de la masacre y huyó a Adulán con David.

Por el resto de la vida de David, Abiatar estuvo junto a él como su sacerdote. Sin embargo, en lo profundo de su corazón, Abiatar albergaba resentimiento hacia David por la muerte de su padre. Si David no hubiera ido a Nob y hubiera mentido con aquello de que estaba en una misión especial para el rey, Ajimélec y el resto de los sacerdotes en Nob no habrían muerto. Abiatar esperó el momento oportuno y luego, en los días de muerte de David, concretó su venganza.

LECCIÓN DEL VIEJO DOCTOR MARK

Si uno de sus subordinados lo desprecia y le guarda rencor, es posible que lo reprima por un tiempo. Incluso si no son conscientes de que el resentimiento sigue ahí, en un momento de debilidad pueden surgir y perseguirlos a usted y a ellos.

Adonías, el príncipe arrogante y vanidoso; Joab, el general despiadado que mató a Absalón; y Abiatar, el hijo de un sacerdote que Saúl había matado más de cuarenta años atrás, eran aliados impíos que unieron sus fuerzas para liderar una rebelión final. Su plan era celebrar una cena, omitiendo de la lista de invitados a cualquiera que pudiera oponerse a ellos, especialmente a Salomón, el hijo de David con Betsabé. David le había prometido a Betsabé convertir a Salomón en su sucesor y eso lo convirtió en el peor enemigo de Adonías.

El pensamiento tras el plan secreto se basó en la idea de que eso era lo último que podían hacer para lograr su cometido. Con todos reunidos, salvo los que pudieran ser leales a Salomón, el principal general de David, Joab, ungiría a Adonías como nuevo rey y luego lo conduciría al palacio para que asumiera el trono. Joab quería poder militar, Abiatar quería venganza y poder religioso, y juntos sabían que podían hacer de Adonías su títere.

De hecho, la política hace alianzas extrañas y amigos extraños. Sin embargo, Dios también puede forjar algunas alianzas interesantes. Para contraatacar este eje del mal, Dios reunió a un equipo de aliados igualmente insuperables.

NATÁN Y BETSABÉ

La decisión para nombrar al sucesor de David en el trono ya se había hecho en privado: le correspondía a Salomón, hijo de Betsabé. Sin embargo, esa decisión no se había hecho pública. Cuando el profeta Natán se enteró de la cena de Adonías, supo que tenía que actuar rápido y sabía a quién necesitaba: a Betsabé.

Es un momento de gran dramatismo. Aproximadamente treinta años antes, Natán había entrado en el palacio, había denunciado públicamente el pecado de adulterio de David y Betsabé, y les anunció que el juicio por su pecado sería la muerte de su bebé recién nacido. Es muy posible que, para Betsabé, Natán fuera el profeta que la avergonzó públicamente, que se llevó a su hijo y el mismo que ella nunca más quiso volver a ver.

Ahora, treinta años después, la anciana Betsabé asumió que su otro hijo Salomón pronto sería el próximo rey, como David lo había prometido. Imagínese su horror cuando Natán vino a verla una vez más. Su corazón debe haberse detenido al enterarse de que el profeta había venido de nuevo con una palabra de Dios.

«Mi señora», comienza de inmediato el profeta, evadiendo los cumplidos, «está en marcha un plan para ungir a Adonías como el próximo rey. Ese complot está en acción en este mismo momento».

Independientemente de lo que haya pensado Betsabé con la noticia de la visita del profeta, ahora se centra en una sola cosa. «¡Pero el rey le ha prometido el trono a Salomón! ¡Y Adonías lo sabe! Si lo hacen rey, nos matará a mi hijo y a mí antes de que salga el sol mañana».

Natán asiente. «No podemos permitir que eso suceda. ¡Necesitamos convencer a David ahora mismo para que anuncie su elección de Salomón como el próximo rey de Israel!».

Si bien la motivación de Joab para ungir al próximo rey fue el poder militar y político, y la de Abiatar fue el poder religioso, las motivaciones de Natán para unir fuerzas con una mujer que lo despreciaba y temía no tenían nada que ver con el poder. Natán quería la voluntad de Dios. Natán tenía un espíritu puro y sabía que tenía que seguir la dirección de Dios. No había ningún poder político ni religioso en esto para él. Obedecería a Dios y luego desaparecería una vez más.

LECCIÓN DEL VIEJO DOCTOR MARK

Alguien me dijo una vez: «No parece cosa de Dios que después de una relación adúltera y un bebé que murió como resultado del pecado, convierta al siguiente hijo de David y Betsabé en rey de Israel». Para mí, parece exactamente el tipo de cosas que haría la gracia de Dios. Dios es el único que corrige a la perfección. Él sabe exactamente cuándo castigarle y exactamente cuándo tomarle en sus brazos y amarle. Así son las cosas de Dios, a quien disciplina más duramente es a quien más ama.

Natán y Betsabé elaboraron cuidadosamente su plan para convencer al rey de que afirmara a Salomón en el trono. Primero, Betsabé iría a la cama de David para recordarle su promesa con respecto a Salomón e informarle acerca del complot de Adonías.

Luego Natán entraría poco después para confirmar la noticia. Sabían que no podían irrumpir en sus dormitorios con esa inquietante teoría de la conspiración o se arriesgarían a confundir al débil rey. Sin embargo, le informarían el asunto hábilmente con la esperanza de que David entendiera la urgencia y tomara medidas de inmediato.

Así que llegó el momento. Betsabé entra en los aposentos del rey. Saluda a su débil y enfermo esposo y le dice: «Su Majestad, usted me prometió que nuestro hijo Salomón sería el próximo rey de Israel, pero su hijo Adonías ha reunido a Joab, Abiatar y muchos otros para ungirlo como su sucesor. ¿Qué se puede hacer con esto? Si Abiatar llega a ser rey, Salomón irá a la tumba y no al trono».

Antes de que David pueda siquiera responder a las alarmantes noticias de Betsabé, llega Natán, como estaba planeado, y le confirma al rey lo que Betsabé acaba de decir.

«Señor, ¿sabe usted que Adonías, en este preciso momento, está organizando una fiesta con Joab, Abiatar y muchos otros, diciéndoles que él es el próximo rey? ¿Es esto obra de usted?».

Betsabé interviene y agrega: «Lo que sea que esté planeando Adonías solo funcionará si usted no hace nada. Todo Israel le está observando a usted solamente. ¿Quién será el próximo rey? ¿Qué hará usted?».

LECCIÓN DEL VIEJO DOCTOR MARK

Una de las partes más difíciles del liderazgo es la sucesión. Cuando el líder es joven, saludable y eficaz, todo va muy bien. Cuando comienza a tambalearse y a tropezar hacia la línea de la meta, tiene que haber un plan de sucesión. De lo contrario, es probable que el liderazgo y el poder caigan en manos de los más conspiradores y hambrientos de autoridad.

En 1 Reyes 1:29-30, David le declaró a Betsabé: «Tan cierto como que vive el SEÑOR, que me ha librado de toda angustia, te aseguro que hoy cumpliré lo que te juré por el SEÑOR, el Dios de Israel. Yo te prometí que tu hijo Salomón me sucederá en el trono y reinará en mi lugar».

Para gran alivio de su esposa, que había pasado aproximadamente treinta años consciente de que dondequiera que iba la gente susurraba entre sí comentando su adulterio, David amplió su plan. Sabía que el anuncio de Salomón como su sucesor tenía que hacerse con un desfile, un gran revuelo, un espectáculo real que mostrara la cena secreta de Adonías como lo que era, una conspiración.

Con la madre del futuro rey y el profeta Natán junto a su cama, David ordena que busquen al sacerdote Sadoc y a Benaías, su consejero de mayor confianza.

Cuando todos están reunidos, el rey explica su plan: «Tomen con ustedes a los funcionarios de la corte, monten a mi hijo Salomón en mi propia mula, y llévenlo a Guijón para que el sacerdote Sadoc y el profeta Natán lo unjan como rey de Israel. Toquen luego la trompeta, y griten: "¡Viva el rey Salomón!". Después de eso, regresen con él para que ocupe el trono en mi lugar y me suceda como rey, pues he dispuesto que sea él quien gobierne a Israel y a Judá» (1 Reyes 1:33-35).

David sabía que Joab estaba consciente de que esta era la última gota que derramó la copa de la paciencia del rey. Con Salomón en la mula del rey, el grito de un sacerdote que anunciaba a Salomón como rey y un profeta supervisando todo, Israel reconocería y honraría inmediatamente la unción de su nuevo rey.

Mientras Adonías y Joab estaban en su cena, el nuevo rey fue ungido en el manantial de Guijón, lo suficientemente cerca de la cena para que los asistentes oyeran sonar las trompetas. La confusión reinaba en aquella fiesta. Las preguntas volaron.

La respuesta irrumpió en la calle. La elección de Dios, Salomón, acababa de asumir el trono.

Enfoque del líder: Confíe en la voluntad de Dios, aun cuando el Espíritu le dirija en maneras que le parezcan completamente extrañas.

Imagínese una conversación que Natán pudo haber tenido con un amigo antes de partir hacia el palacio el día de la unción de Salomón. «Debo ayudar a Betsabé a poner a su hijo Salomón en el trono».

«¿Te refieres a la ex esposa de Urías el hitita, que se acostó con el rey mientras su esposo estaba en guerra, quedó embarazada, se casó con David después de la oportuna muerte de su esposo, y luego tuvo el bebé que murió poco después de que tú la humillaste e hiciste público el escándalo? ¿Te refieres a Betsabé?».

«A esa misma».

Debe haber sido difícil para Natán escuchar todo eso de parte de Dios. Seguramente lo fue. ¿Acaso no era humano? ¿Por qué querría volver a enredarse en eso después de tanto tiempo? Porque tenía una palabra de Dios. Para Natán era así de simple y él, siendo de un espíritu puro, sabía lo que tenía que hacer a pesar de los riesgos involucrados.

La lógica de Dios no es como la nuestra. No le molesta cómo perciba el mundo sus actos. El Espíritu Santo tiene un currículum largo guiando a los hijos de Dios en maneras inusuales para cumplir su voluntad, y esa lista solo se está haciendo más larga.

Confíe en la dirección de Dios. Confíe en su palabra para usted. No se preocupe por nimiedades como la seguridad o las opiniones de los demás. Todo lo que él le diga, hágalo.

CAPÍTULO 17

UN LEÓN PELIGROSO Y MORIBUNDO

Basado en 1 Reyes 2

DAVID MERECÍA TODOS los honores que recibió en su larga y plena vida. Realmente era un maestro en múltiples oficios. Pastor. Músico. Poeta. Asesino de gigantes. Guerrero. Mercenario. Estratega militar. Político. Líder espiritual. Rey. Ahora, en los últimos momentos de su vida, David sabía que tenía una tarea más lúgubre que no podía evitar.

Desde ese día, casi sesenta años antes, cuando el profeta Samuel le había robado su niñez, Israel era lo primero que había en la mente de David. Ya sea que estuviera en Belén, Guibeá, Nayot, Adulán, Gat, Siclag, Hebrón o Jerusalén, David se había preocupado solo de dos cosas: servir a Dios y servir a Israel. Un «hombre conforme al corazón de Dios» no cambia ni olvida sus motivaciones de toda la vida solo porque está exhalando su último aliento. El segundo rey de Israel había dedicado toda una vida al servicio para expandir las fronteras de Israel, aniquilar a sus enemigos, reprimir motines y asegurar las bendiciones de Dios sobre la joven nación. Ahora, mientras agonizaba, sabía que había enemigos —enemigos despiadados y poderosos— con los que Salomón tenía que lidiar, y le correspondía a David dar las órdenes.

Es difícil escuchar la lista de víctimas del lecho de muerte de David. El Rey de Israel suena como el Don Corleone moribundo de la película *El Padrino*, pasando a su hijo Michael los nombres de todos los que necesitaba hacer desaparecer. David le dice a Salomón, en términos inequívocos, con quién debe tratar. David hizo lo que tenía que hacer y Salomón fue bien advertido.

Aun así, el primer acto del rey Salomón como rey fue perdonar la vida a su hermano Adonías «Si demuestra que es un hombre de honor» (1 Reyes 1:52). «Ve a casa y no te metas en problemas», le dijo el rey a su hermano. «Si siquiera percibo una pizca de algo que no sea una completa lealtad a tu nuevo rey, no habrá más piedad en tu camino. Siempre te traeré con la cuerda cortita».

Adonías tuvo la oportunidad de redimirse. Lo que sigue es el resto de la lista de David.

JOAB

«Por tanto, usa la cabeza y no lo dejes llegar a viejo y morir en paz» (1 Reyes 2:6). Las instrucciones de David a Salomón con respecto a su principal general y sobrino fueron precisas y claras. «Usa tu discreción y gran sabiduría para determinar cuál es el mejor camino para tratar con Joab; solo asegúrate de que el resultado sea que esté muerto, no jubilado ni que viva como un anciano pacífico».

Una de las grandes leyes del universo siempre ha sido: «Vive por la espada, muere por la espada» o lo que es lo mismo: el que a hierro mata a hierro muere. Desde los primeros días de David con sus *gibborim*, ¿quién había sido su soldado más sangriento? Ciertamente fue Joab. Había matado sin piedad y sin remordimientos, no solo en la batalla sino en las peleas sangrientas. A veces era por orden de David, como con Urías el hitita. En otras ocasiones actuó a pesar de las órdenes de su rey, como lo hizo con Abner, Absalón y Amasá. Ahora era el turno de Joab en el círculo de la vida de ser el que muriera a espada.

Es extraño que Joab, que había servido a David durante tanto tiempo, termine en el número uno en la lista de ejecuciones. ¿No hubo piedad para el propio sobrino de David?

El propio Joab dejó en claro que él era una terrible amenaza para el reino de Salomón. Joab había inclinado su mano. Su alianza con Adonías fue su sentencia de muerte. David sabía que, si en algún momento durante el reinado de Salomón se presentaba otra oportunidad para que Joab ayudara a alguien más a quitarle el trono mediante un motín, el general lo haría en un abrir y cerrar de ojos. Así que tenía que irse.

Al enterarse del golpe recibido, Joab busca refugio en el tabernáculo. Se aferra a los cuernos del altar. No queriendo derramar sangre dentro del tabernáculo de Dios, Salomón envía al ex consejero de su padre, Benaías, por detrás de Joab y le exige que salga.

«¡De ninguna manera!», le dice Joab a Benaías. «No voy a dejar este lugar. Moriré aquí como un anciano si es necesario. Si el rey me quiere muerto, tendrá que matarme aquí mismo».

Seguramente Joab supuso que el tierno y joven rey Salomón carecería de valor para matar a cualquiera, y especialmente a un pariente, aferrado a los cuernos del altar. Tal vez pensó que podría conseguir el trato que obtuvo Adonías y jubilarse anticipadamente en Galilea.

Benaías regresa con Salomón y le explica la situación. «No estaba muy seguro de quitarle la vida a una persona en el altar, dentro del tabernáculo, con sacerdotes alrededor mirando, pero él me dijo que te dijera que, si lo quieres muerto, vas a tener que matarlo ahí precisamente».

Sin dudarlo, Salomón responde: «Haz lo que te dijo Joab. Mátalo ahí mismo, en ese altar. Hace mucho tiempo él sacó a Abner del refugio, aunque fue perdonado, y lo mató, violando las leyes; y ahora pretende aplicarme la ley. Yo no caigo en eso. Mátalo donde está».

En lo que debe haber sido una sorpresa para todos, especialmente para Joab que buscaba refugio, Benaías entra directamente al tabernáculo y hunde su espada en el cuerpo del general. Durante más de cuarenta años, Joab había vivido a espada. En cuestión de segundos, también murió a espada.

SIMÍ

«Tú eres inteligente, y sabrás qué hacer con él; aunque ya está viejo, hazlo sufrir una muerte sangrienta» (1 Reyes 2:9), fueron las palabras de David a Salomón con respecto al hombre que lo había maldecido y le había arrojado piedras mientras huía de Jerusalén para escapar de Absalón. Esto nos sorprende. Una herida tan vieja. Un insulto tan insignificante. ¿Se acuerda de todos esos años? ¿Es eso suficiente para merecer la muerte?

Sin embargo, esta escena no era simplemente la de un padre y un hijo compartiendo un momento final juntos. David y Salomón eran reyes a principios de la Edad de Hierro, reyes que estaban tratando desesperadamente —hasta con las uñas— de mantener unido un reino recién nacido. Anteriormente, se habían librado dos guerras civiles para evitar rebeliones, y apenas se frustró un golpe de estado cuando se anunció apresuradamente a Salomón como sucesor de David. Las razones del rey moribundo para ordenar «una muerte sangrienta» a un cascarrabias son dos. Primera, Salomón tenía que dejar en claro lo que les sucedería a los instigadores de levantamientos internos y rebeliones contra el rey. Segunda, las humillaciones públicas contra la persona del rey no pueden quedar impunes para siempre.

David le dijo a Salomón: «Le juré al Señor que nunca mataría a Simí, pero nunca se prometió nada acerca de ti. Tan pronto como esté muerto y enterrado, elimínalo por mí. Cuando necesitaba apoyo, todo lo que tuvo para mí fueron maldiciones y piedras. No seas amable con él, hijo».

De hecho, Salomón fue benevolente con Simí. Ni siquiera lo exilia de Jerusalén. Hace exactamente lo contrario. Pone a Simí bajo arresto domiciliario.

«Mi padre te quería muerto, pero eso no es lo que voy a hacer. En vez de eso, construye una casa aquí en Jerusalén y quédate quieto. No te vayas nunca. Si alguna vez cruzas el arroyo de Cedrón, haré que te maten de inmediato. Esta es tu segunda oportunidad; no habrá una tercera».

Simí acepta con entusiasmo aunque, por supuesto, no tenía otra opción, y establece su hogar permanente en Jerusalén. Tres años más tarde, dos de los esclavos de Simí escaparon a Gat, y él los persigue para traerlos de regreso a Jerusalén. Al regresar a casa, uno de los mensajeros del rey envía a buscar a Simí.

—¿No te dije que no te fueras nunca, que no cruzaras nunca el arroyo de Cedrón? —le pregunta el consternado Salomón al necio Simí.

—Bueno, sí, pero volví enseguida, Su Majestad —intenta explicarle Simí—. No pensé que querías decir que literalmente nunca podría cruzar el Cedrón. Solo necesitaba recuperar a mis esclavos fugitivos y luego volví.

—No, lo que quise decir lo dije literalmente. El rey quiere decir exactamente lo que dice. Traté de salvar tu patética vida.

Entonces el rey se dirige a Benaías, a quien había designado para el antiguo puesto de Joab y le dice: «Mátalo».

ADONÍAS

David no dio órdenes sobre Adonías cuando publicó su lista de objetivos. Aun al final, no pudo aceptar matar ni incluso castigar adecuadamente a uno de sus propios hijos. Se había negado a hacerlo con Amnón y Absalón, y no es sorprendente que no le ordenara a Salomón que le diera a Adonías lo que se merecía. Adonías aprendería rápidamente que Salomón no era fácil de manipular.

Poco después de la muerte de David, Adonías visita a Betsabé, la madre del nuevo rey. No hay duda de que, si el golpe de

Adonías hubiera tenido éxito, habría matado a Betsabé. Adonías es sin duda la última persona que Betsabé pensó que le pediría un favor.

«¿Has venido a crear problemas?», le pregunta con razón al medio hermano de su hijo, a quien le habían dicho que se portara bien para siempre o se enfrentaría a la muerte de inmediato.

«No, no, todo lo contrario. Vengo por amor», le asegura el astuto político. Me he enamorado de una chica y quiero casarme con ella. Como saben, traté de ser rey, pero ese no era el plan de Dios. Eso me parece bien. Realmente. Salomón es un rey maravilloso. Afortunadamente, he descubierto que la felicidad para mí no está en sentarme en el trono, sino en una chica, porque me he enamorado de Abisag, la joven de Sunem. ¿Podrías preguntarle a tu hijo, el rey, si puedo casarme con ella? Abisag era la joven que había calentado la cama de David hasta su muerte.

Pobre Betsabé. Siempre tan romántica, ¿no le parece? Mientras estaba casada con Urías el hitita, el rey vino a invitarla y ella se dejó llevar por su poder, su realeza y su romanticismo. Debido al romance, había sufrido miseria y vergüenza, para ser siempre la mujer a la que todos señalaban a sus espaldas.

Años más tarde sigue igual, no ha cambiado nada. El hombre que intentó robar el trono, un hombre que ella admitió con sus propias palabras que la habría matado en su primer acto como rey, acude a ella en nombre del «amor» y su corazón se derrite.

«Sí, iré a ver a mi hijo en tu nombre, Adonías, y le pediré que te permita casarte con el amor de tu vida».

Llega el momento. Qué escena debe haber sido aquella.

«¿Madre?», le dice Salomón con incredulidad. «¿Me estás tomando el pelo? ¿Qué estás pensando? ¿Por qué no me quitas la corona de la cabeza ahora mismo y se la colocas a Adonías? Luego lo invitamos, le damos el trono, y tú y yo podremos dar un paseo juntos por un acantilado. Eso sería mucho más fácil y menos doloroso de lo que sucedería si permitiéramos que el hijo de un rey se casara con una chica que tuvo una relación tan íntima con el ex monarca. El día después de la boda, Adonías y sus amigos se reunirían para otra cena y planearían su próximo golpe».

Ante esto, Salomón envía a buscar a Adonías y le dice: «Te mostré misericordia cuando debí matarte. No volveré a cometer ese error, hermano. Te lo dije cuando hablamos por última vez, lealtad total o muerte».

Entonces se volvió hacia Benaías y le dijo: «Mata a este tonto».

Enfoque del líder: No es demasiado tarde para afirmar a aquellos que necesitan su aliento.

Como ya se ha dicho, David fracasó miserablemente en lo que respecta a la familia. Dirigió a Israel con sabiduría, valentía y una combinación perfecta de compasión y disciplina. Su liderazgo en el hogar fue una historia completamente diferente. Sus hijos estaban totalmente en desacuerdo con él, hasta el punto de intentar matarlo, o apenas se los mencionaba en las Escrituras, como si no fueran un punto central de la vida del rey.

Aquí, al final de su vida, en sus instrucciones finales a su hijo el rey, David finalmente intentó manejar tanto a Israel como a su familia. Comenzó su conversación final con su hijo diciéndole: «Según el destino que a todos nos espera, pronto partiré de este mundo. ¡Cobra ánimo y pórtate como hombre! Cumple los mandatos del SEÑOR tu Dios; sigue sus sendas y obedece sus decretos, mandamientos, leyes y preceptos, los cuales están escritos en la ley de Moisés. Así prosperarás en todo lo que hagas y por dondequiera que vayas» (1 Reyes 2:2-3).

Me pregunto cuánto tiempo había esperado Salomón para escuchar esas palabras de su padre. El hijo de Betsabé solo había conocido la vida de la realeza en la que nació. Solo había conocido un reino lleno de guerras, luchas internas, conspiraciones políticas y terribles tensiones familiares. Salomón escuchaba los susurros sobre su madre adúltera y veía a las multitudes reunidas en apoyo a sus hermanos «más legítimos» que también aspiraban a ser rey. Durante toda su vida, el futuro constructor del templo probablemente anheló palabras de amor, apoyo y sabiduría del hombre más grande que —paradójicamente— conoció, pero que apenas conoció: su padre.

¿Quién de sus personas cercanas necesita escuchar y recibir su apoyo, sus palabras de sabiduría y su amor por él? ¿Quién necesita escuchar de su padre, su pastor, su jefe o su mentor algo como: «Anímate. Sé un hombre. Sigue los caminos de Dios»? ¿Quién necesita sus sabias instrucciones sobre los primeros pasos que debe dar en su nuevo matrimonio, trabajo o responsabilidad?

Lo más probable es que su consejo no sea una lista de aquellos a quienes se debería matar. ¡Ciertamente espero que no! El punto es que David estaba preocupado porque su hijo lograra el mayor éxito posible.

Cuando usted es líder, eso implica que tiene seguidores que esperan ser líderes también. Nunca es demasiado pronto para comenzar a invertir en sus vidas y sus liderazgos. Hágalo ahora, mientras los dirige activamente. No espere a estar en su lecho de muerte como lo hizo David.

EPÍLOGO

«He encontrado en David, hijo de Isaí,
un hombre conforme a mi corazón;
él realizará todo lo que yo quiero».

—HECHOS 13:22

L A PREGUNTA, LA verdadera pregunta sobre David aún está por responderse. En pocas palabras, es lo que sigue: ¿Por qué?, ¿cómo, es posible que se le pueda llamar hombre según el corazón de Dios? Imagínese a los integrantes de un jurado sentados y viendo un resumen detallado de la vida de David (sus pecados, sus luchas, sus victorias, sus poemas) a quienes luego se les pide que deliberen hasta que puedan responder unánimemente a la pregunta: «¿Fue David realmente un hombre conforme al corazón de Dios?».

Considere nuevamente algunos de los aspectos más destacados de la vida de David.

- Mató y luego circuncidó después de muertos a doscientos filisteos para pagar el precio de una novia.

- Le mintió a un sacerdote para poder comer el pan sagrado, lo que provocó la masacre de ochenta y cinco sacerdotes y sus familias.

- Fingió locura en Gat después de darse cuenta de su error al buscar refugio allí.

- Mató a innumerables amalecitas, incluidos mujeres y niños, para seguir siendo un comandante mercenario superior a los filisteos, que eran enemigos de Israel.

- Hizo que el arca del pacto fuera llevada a Jerusalén en una carreta de bueyes en vez de ser los sacerdotes quienes lo hicieran por mandato de Dios, lo que provocó la muerte de un israelita bien intencionado.

- Tuvo una aventura con Betsabé, la embarazó, asesinó a su esposo e intentó encubrir todo el asunto.

- No pudo disciplinar a su hijo Amnón después de que violara a Tamar.

- Permitió que Absalón viviera sin castigo, aun después de que asesinara a su hermano.

- En su lecho de muerte, le ordenó a Salomón que matara a un hombre porque años antes le había faltado el respeto a David.

Con todo y eso, todavía Dios decía que David era «un hombre conforme a mi corazón». ¿Cómo puede ser eso correcto? Incluso para un guerrero de la Edad de Bronce, algunos de estos aspectos destacados de la vida de David son difíciles de leer; sin embargo, hay que reconocer la grandeza espiritual del segundo rey de Israel.

Un hombre conforme al corazón de Dios

Poco después de la última victoria de David sobre los filisteos, el rey decidió que quería que se hiciera un censo de todo Israel, desde Beerseba en el sur hasta Dan en el norte. Así que le ordenó a Joab que cuantificara esos números por él «para que sepa cuántas personas hay» (2 Samuel 24:2).

El orgulloso David quería deleitarse con ese número. Pensó: «Quiero saber a cuántos mando. Quiero saber qué tan grandes son mis ejércitos. Quiero saber cuáles son los números exactos. Merezco celebrar todo lo que he logrado como rey».

En una sorprendente muestra de perspicacia y temor de Dios, Joab, de entre todas las personas, le pidió a David que no hiciera eso. Dios había prohibido tal censo para Israel y el general, que normalmente era leal a David más allá de toda duda y casi nunca se mostraba aprensivo por nada, no quería que David e Israel pecaran de esta manera o pasaran por el castigo que eso traería consigo a la nación. Joab le respondió: «¡Que el Señor multiplique cien veces a su pueblo! Pero ¿acaso no son todos ellos servidores suyos? ¿Para qué quiere hacer esto Su Majestad? ¿Por qué ha de hacer algo que traiga la desgracia sobre Israel?» (1 Crónicas 21:3).

A pesar de la advertencia de Joab y el recordatorio de que Dios le había prohibido a Israel contarse y deleitarse en la gloria propia, David insistió en seguir adelante. De modo que Joab hizo lo que le dijeron a regañadientes.

No es sorpresa para nadie que Dios se enojó con la decisión de hacer un censo y envió a Gad, el consejero espiritual de David, a reprenderlo. David, que había demostrado varias veces que sabía cuándo confesar y cómo arrepentirse, se arrepintió una vez más y clamó a Dios. «He cometido un pecado muy grande al hacer este censo. He actuado como un necio. Yo te ruego que perdones la maldad de tu siervo» (1 Crónicas 21:8).

¿Fue perdonado David? ¿Echó Dios su pecado «tan lejos de [David] como está el oriente del occidente», como escribió David en el Salmo 103:12? Por supuesto. Nuestro Dios es misericordioso y rápido en perdonar, pero el perdón de Dios no siempre detiene la destrucción. El pecado puede ser perdonado. El pecado también tiene consecuencias y el pecado más destructivo de David no fue la lujuria sexual, como muchos piensan. Fue su orgullo.

David había desobedecido a Dios consciente de ello, a pesar de haber sido advertido por Joab, y aunque se arrepintió, la disciplina llegó, una disciplina fuerte. Gad le dijo a David que Dios le permitiría elegir el castigo de Israel: «Así dice el SEÑOR: "Elige una de estas tres cosas: tres años de hambre, o tres meses de persecución y derrota por la espada de tus enemigos, o tres días en los cuales el SEÑOR castigará con peste el país, y su ángel causará estragos en todos los rincones de Israel". Piénsalo bien y dime qué debo responderle al que me ha enviado» (1 Crónicas 21:11-12).

En resumen, Dios le dijo a David: «Contaste a todas esas personas y querías enorgullecerte de ello; ahora disminuiré ese número. Tu vanidad por el número sobre el que gobiernas será la causa de decenas de miles de muertes».

Al escuchar las opciones punitivas de Gad, David se horrorizó, por supuesto, pero sabía que la gracia de Dios, incluso en un juicio terrible, era su única oportunidad. Así que le dijo a Gad: «No deseo nunca caer en manos de nuestro enemigo. Incluso ahora, incluso en el juicio, creo en las misericordias de Dios. Elijo la plaga del ángel del Señor».

Durante los siguientes tres días, una plaga mortal devastó a Israel. Setenta mil personas murieron. Al tercer día, Dios envió un ángel destructor con una espada extendida contra Jerusalén. Justo cuando el ángel estaba listo para asestar un golpe demoledor a la capital, el Dios misericordioso en quien David confiaba clamó al ángel: «¡Detente! ¡Es suficiente!» (1 Crónicas 21:15).

En ese momento, David y los líderes que estaban con él cayeron sobre sus rostros y David le gritó a Dios: «Señor y Dios mío, ¿acaso no fui yo el que dio la orden de censar al pueblo? ¿Qué culpa tienen estas ovejas? ¡Soy yo el que ha pecado! ¡He actuado muy mal! ¡Descarga tu mano sobre mí y sobre mi familia, pero no sigas hiriendo a tu pueblo!».

Ante eso, Dios le habló a David: «Hay una piedra maciza cerca que pertenece a un jebuseo llamado Ornán, que la usa como

una era. Quiero que vayas a comprarle ese lugar y me constru-
yas un altar sobre esa roca y me ofrezcas un sacrificio desde ese
mismo altar».

David se levantó rápidamente y corrió hacia la era de Ornán.
El ángel del Señor, con la espada todavía en la mano, estaba
detrás de David, donde Ornán y sus cuatro hijos podían verlo.
El rey le dijo al dueño de la tierra: «Necesito comprar esta era
y la piedra sobre la que se asienta. ¡Construiré un altar al Señor
sobre él y pondré fin a esta plaga!».

La sola vista del aterrador ángel fue suficiente para convencer a Ornán, que gritó: «Su Majestad, yo se la regalo, para que
haga usted en ella lo que mejor le parezca. Yo mismo le daré
los bueyes para los holocaustos, los trillos para la leña y el trigo
para la ofrenda de cereal. Todo se lo regalo».

Pero David no aceptó la amable oferta. «No puedo ofrecer
un sacrificio a Dios que no me haya costado nada», le dijo David.
«Debo pagar el precio completo. Ni siquiera me des una oferta».

Tan pronto como se consumó la compra, David construyó un altar y sacrificó holocaustos y ofrendas de paz al Señor.
Mientras David oraba, el Señor envió fuego desde el cielo para
quemar —o aceptar— la ofrenda y le ordenó al ángel que quitara la espada. Y Jerusalén se salvó.

Cuando David vio que Dios le había mostrado misericordia
a Jerusalén y que la plaga había terminado, ofreció otro sacrificio en el altar recién construido. Luego hizo una proclama-
ción que ha impactado la historia durante tres mil años. «Este
será ahora el lugar permanente del altar para los holocaustos de
Israel. ¡Aquí será donde estará el templo de Dios!».

Esa gran piedra representó quizás el pecado más grave de
David, que fue la vanagloria, un pecado que causó una plaga
espantosa, misma que mató a setenta mil personas en Israel.
Esa piedra también se convirtió en un lugar de adoración,

arrepentimiento y restauración. A pesar de todo: esquivando las lanzas de su suegro, escondiéndose en cuevas, fingiendo ser leal a Gat, perdiendo a Siclag, una esposa que lo despreciaba, hijos que intentaron destronarlo, aliados de toda la vida que lo traicionaron, un bebé inocente arrebatado de él, hambre, rebeliones, conspiraciones políticas y plagas: David amaba y confiaba en Dios.

David no era perfecto. Ni estaba cerca de serlo. Sus pecados eran reales. Su arrepentimiento también fue real al igual que su fe en la misericordia de Dios.

> Pero yo confío en tu gran amor; mi corazón se alegra en tu salvación. Canto salmos al SEÑOR. ¡El SEÑOR ha sido bueno conmigo!
> —DAVID EL GRANDE. SALMOS 13:5-6

La pregunta permanece todavía. ¿Un hombre conforme al corazón de Dios? ¿De verdad?

Quizás la mejor respuesta se encuentra en un momento misterioso antes de que David aparezca en el escenario. Samuel fue enviado a Belén por Dios, para ungir al sucesor de Saúl.

Dirigido a la casa de Isaí, Samuel miró a los hijos que Isaí le presentó. Empezando por el mayor y abriéndose camino por la línea de granjeros siempre tan robustos, Samuel estudió la alineación. Quedó impresionado. Eran campeones, milicianos alimentados con leche cuyos fuertes brazos podían empuñar una espada o una guadaña con el mismo efecto.

La respuesta de Dios, sin embargo, fue: «No es ninguno de estos». No obstante, no es que ninguno de ellos no estuviera a la altura. Más bien, no había una medida física con la que Samuel pudiera evaluar al ganador. Dios quería que el profeta entendiera que el punto de vista de Dios no es el nuestro.

Y Jehová respondió a Samuel: No mires a su parecer, ni
a lo grande de su estatura, porque yo lo desecho; porque
Jehová no mira lo que mira el hombre; pues el hombre
mira lo que está delante de sus ojos, pero Jehová mira
el corazón.

—1 SAMUEL 16:7 RVR1960

Ahí está la respuesta a David: su corazón a los ojos de Dios.
Dios vio algo en el corazón de David que amó y nunca olvidó.
De alguna manera, allá afuera, solo en el desierto con sus ovejas,
el joven David encontró favor a los ojos de Dios. ¿Cómo llamamos
eso? ¿Fe? ¿Amor? Eso quizás desafía nuestra obsesión occidental
con la analítica.

La relación entre David y Dios fue como un matrimonio largo
y tormentoso. Se amaron, lucharon, se reconciliaron, empezaron
de nuevo y volvieron a luchar, pero nunca se dieron por
vencidos. ¿Por qué David y no Saúl? Saúl pecó de una manera
miserable, aunque también lo hizo David. El corazón de Saúl, su
yo más íntimo, estaba alejado de Dios. La elipse pecaminosa de
la vida de Saúl nunca regresó a Dios. Siguió adelante, girando
más y más lejos hasta que terminó en locura, brujería y suicidio.

A diferencia de Saúl, la trayectoria de toda la vida de David
fue hacia Dios. Incluso en el pecado y el fracaso, ese impulso
hacia Dios siempre mantuvo a David alejado del abismo. David
confió en Dios. David nunca dejó de creer en Dios. David nunca
se rindió con Dios y creía que Dios nunca se rendiría con él.

Nosotros, que somos tan rápidos en juzgarnos unos a otros,
también nos encanta juzgar a personas como David. El favor
de Dios con la vida de David nos perturba. Altera nuestros sistemas
teológicos y legalistas. Nos tienta mucho a discutir con
Dios, a quejarnos de la fascinación divina con este rey judío no
muy santo.

«Míralo, Señor», queremos quejarnos. «Mira lo que hizo. Mira cómo pecó. Está ahí mismo en la Biblia. Mira su vida. ¿Qué viste en él?».

«Justamente eso… lo vi todo», responde el Señor, «lo vi *en* él. Tú puedes ver los pecados de David. Yo también, él sufrió por ellos. Ves su vida desde fuera. Yo lo vi en él. Vi el corazón de mi siervo David y supe que su corazón estaba detrás del mío. Nunca olvidé eso. A veces David lo olvidaba, pero yo nunca lo olvidé».

Ciertamente el bien y la misericordia me seguirán todos los días de mi vida, y en la casa de Jehová moraré por largos días.

—David el Grande, Salmos 23:6 RVR1960

NOTAS

INTRODUCCIÓN

1. Isaiah Gafni, «Herod the Great,» My Jewish Learning, consultado 10 de octubre de 2017, https://www.myjewishlearning.com/article/herod-the-great/.

CAPÍTULO 3
EL NUEVO ÍDOLO HEBREO

1. C. S. Lewis, *Los cuatro amores* (Harcourt, 1960), 87-104.

CAPÍTULO 4
DE HÉROE A LOCO

1. Blue Letter Bible, s.v. «gibbowr,» consultado 10 de octubre de 2017, https://www.blueletterbible.org/lang/lexicon/lexicon.cfm?Strongs=H1368&t=KJV.

CAPÍTULO 5
DE LOCO A MERCENARIO

1. «En Gedi,» BiblePlaces.com, consultado 10 de octubre de 2017, https://www.bibleplaces.com/engedi/.

CAPÍTULO 7
ESPOSAS, CONCUBINAS Y DAÑOS COLATERALES

1. Blue Letter Bible, s.v. «Nabal,» consultado 10 de octubre de 2017, https://www.blueletterbible.org/lang/lexicon/lexicon.cfm?Strongs=H5037&t=KJV.

2. «When Elephants Fight, It Is the Grass That Suffers Most,» Africa Geographic, March 3, 2017, https://africageographic.com/blog/elephants-fight-grass-suffers/.

CAPÍTULO 10
LA CHICA DEL RIZO

1. Henry Wadsworth Longfellow, «There Was a Little Girl,» Bartleby.com, consultado 10 de octubre de 2017, http://www.bartleby.com/360/1/120.html.

2. Johann Wolfgang von Goethe, Faust, Part One (Dover Publications, 1994), 13, https://books.google.com/books?id=gjfDAgAAQBAJ&pg.

CAPÍTULO 11
TÚ ERES ESE HOMBRE

1. Alfred Jones, Jones' Dictionary of Old Testament Proper Names, s.v. «Jedidiah» (Kregel Publications, 1997), https://www.amazon.com/Jones-Dictionary-Testament-Proper-Names/dp/0825429617.

TITULOS DE
MARK RUTLAND

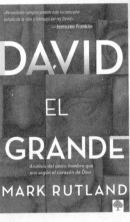

El doctor MARK RUTLAND es columnista de la revista Ministry Today y autor superventas del New York Times. Es presidente de Global Servants y de National Institute of Christian Leadership, fungió como pastor de una megaiglesia y como rector de dos universidades. Entre sus libros están: 21 segundos para cambiar su mundo y Valentía para sanar. Rutland y su esposa, Alison, han estado casados y en el ministerio por más de cincuenta años.

CASA
CREACIÓN
Para vivir la Palabra

CASA CREACIÓN

Te invitamos a que visites nuestra página
web donde podrás apreciar la pasión por
la publicación de libros y Biblias:

www.casacreacion.com

@CASACREACION

@CASACREACION

@CASACREACION

Para vivir la Palabra